L'autopsie confirme le décès

DES MÊMES AUTEURS

PIERRE LAURENDEAU :

Le Français cent difficultés,
Le Polygraphe éditeur, 1993.
Ruynes, récit, Deleatur, 1978.
Ethnograffiti, Première Personne, 1987.
Carnets de Loire (ill. Pascal Proust),
Le Polygraphe éditeur, 1996, 1997, 2003.

PATRICK BOMAN :

Aux éditions Le Serpent à Plumes :
Trébizonde en hiver, 1994.
Le Palais des saveurs accumulées, 1994.
Thé de bœuf, radis de cheval, 1999.
Peabody met un genou en terre, 2000.
Peabody se mouille, 2001.
Peabody secoue le cocotier, 2002.

4, rue Caroline, 75858 Paris Cedex 17.
ISBN : 2-913588-43-3

Pierre Laurendeau
Patrick Boman

L'autopsie confirme le décès

Éloge de la correction

Mots & Cie

OUVRAGE PUBLIÉ SOUS LA DIRECTION
DE JEAN-LOUP CHIFLET

Avant-propos

À la fois médecin et notaire du texte, le correcteur est le dépositaire de tous ses secrets d'alcôve : il éradique l'ultime erreur grammaticale, le barbarisme oublié, rectifie l'orthographe d'usage et la ponctuation, signale les répétitions abusives, les contresens fâcheux, les solécismes ravageurs.

Grandeur et servitude de la correction… Vous trouverez ci-après – sous forme d'un abécédaire, bien sûr ! – quelques-uns des petits trucs et plusieurs des grandes questions (pas toujours résolues) qui nourrissent la vie paisible et souvent nocturne du correcteur.

Méconnu du public, parfois méprisé par les auteurs dont il sauve les chefs-d'œuvre, cet arpenteur du langage tient aussi sa comptabilité clandestine (on ne sait jamais…) sous forme d'un carnet où il note les plus épatantes bévues produites par l'**A**uteur (***A*** cap) ou son ordinateur (***o*** bas de casse).

Ce livre réunit un florilège de coquilles et bêtises puisées aux meilleures sources. Ces perles, garanties d'origine contrôlée, sont ici présentées le plus souvent anonymement, afin de préserver la crédibilité de grands quotidiens nationaux, d'hebdomadaires d'information irréprochables et d'auteurs considérés à juste titre comme des pourvoyeurs d'impeccables dictées de certificat d'études.

À noter enfin que les mots suivis d'un astérisque correspondent à des entrées, et que les notes sont renvoyées en fin d'ouvrage.

P. L./P. B.

Les auteurs

Pierre Laurendeau a exercé pendant dix ans le métier de correcteur dans la presse quotidienne régionale, la publicité et l'édition. Depuis 1990, il dirige une agence, Le Polygraphe, spécialisée dans la communication institutionnelle et d'entreprise. Il est l'auteur du *Français cent difficultés*, ouvrage malicieux sur les pièges les plus fréquents de la langue française. L'an dernier, *Le Nouvel Observateur* lui a confié ses jeux de l'été sur la langue française. Auteur de plusieurs romans sous des hétéronymes divers.

Patrick Boman est réviseur (appellation politiquement correcte du chasseur de virgules) dans un grand hebdomadaire parisien. Écrivain, il publie aussi bien des récits de voyage ou des romans policiers « ethnographiques » (série Peabody) que des textes inclassables : *La Méthode Piotr* (Ginkgo), *La Conduite à Marcel, Amertume des nectars* (Deleatur).

L'abécédaire revu et corrigé

A

Abréviations

Sans connaissance des abréviations spécifiques, toute conversation d'atelier ou de cassetin* sera totalement hermétique pour le non-initié. Décryptons : « cap » désigne les capitales*, « clam » le point d'exclamation, « couilles* » le tréma, « div » (pour *division*) le trait d'union, « ital » l'italique, « par » les parenthèses, « rog » le point d'interrogation, « rom » le style romain, « sus » les points de suspension, etc.

Accord

Les problèmes d'accord (en genre et en nombre) sont l'objet de bien des incertitudes, sur le sexe comme sur la singularité (ou pluralité) des sujets examinés.

Par exemple, on doit écrire : des cocktails *impromptus*, mais des paroles *impromptu* (inv.). Pas très sérieux !

Il n'est pas rare de se faire reprendre par un rédacteur pour avoir laissé, dans un titre : « L'œuvre grav*é* de Tartempion ». Le rédacteur ignorant, comme la plupart de ses lecteurs, que l'œuvre change de sexe : féminine à l'unité ou en fraction, elle se masculinise quand on l'examine comme l'ensemble des productions d'un artiste. Afin de ne pas soulever la colère du Lecteur (**L** cap), on « rectifie » fautivement l'accord.

À la...

« Aaa... » Le *la* est donné. On fait cercle autour de celui ou de celle qui est à l'honneur, à l'occasion d'une embauche, d'un anniversaire, d'un départ à la retraite, ou de rien du tout, et le chœur d'attaquer, verre en main : *« À la... À la... À la... / À la santé du confrère / Qui nous régale aujourd'hui / Ce n'est pas de l'eau de rivière / Encore moins de celle du puits... / À la santé du confrère / Qui nous régale aujourd'hui / Pas d'eau... Pas d'eau... Pas d'eau... »* Il est à noter que cet hymne professionnel, commun à tous les métiers du Livre et aujourd'hui en voie de disparition, doit toujours être chanté avec le plus grand sérieux. Car le « À la » est un moment non de simple consensus, mais de véritable communion.

Anachronismes

Dans *Notre-Dame de Paris*, Victor Hugo intitule un des chapitres : « Histoire d'une galette au levain de maïs »... De quoi surprendre un lecteur soucieux de vraisemblance historique : le roman du grand Victor se déroule en 1482, dix ans avant que le Génois Colomb ne vienne casser les pieds aux Taïnos, aux Arawaks et autres peuplades ; le maïs, lui, serait apparu en France en 1523, introduit dans la cuisine basque par Gonzalo de Percazteguy d'Hernani (patronyme éminemment hugolien !).

S'il n'est pas toujours aisé de détecter dans une œuvre littéraire les anachronismes involontaires, il est amusant de repérer les clins d'œil malicieux à la chronologie. Ainsi, dans *Henriette de Tourville*, récit d'une improbable expédition sur les pentes du mont Blanc à la fin du XVIIIe siècle [1], établi et présenté par Pierre Charmoz, le hasard mène l'héroïne et sa jolie compagne au seuil d'un sombre monastère ; ayant délivré d'innocentes créatures des moines cruels qui hantent les lieux, elles s'apprêtent à quitter l'édifice sur le point de s'effondrer quand elles rencontrent dans les souterrains un savant chenu qui, avant d'être enseveli sous les décombres, leur livre le secret de la science à venir : $E = mc^2$! Ajoutons que l'espiègle demoiselle de Tourville s'intéresse au préraphaélites… dont les œuvres ne seront exposées que plusieurs décennies après l'année supposée (1786) de son aventure. Dans les superbes gravures (d'époque ?) qui illustrent le volume, le lecteur attentif pourra découvrir un anachronisme graphique fort réjouissant.

Anacoluthe

Cette « rupture dans la construction syntaxique » sera pourchassée avec énergie. Ex. : « J'ai pris le livre de ma tante qui était dans le tiroir. »

Ancêtres

Les ancêtres fondateurs, à commencer par Gutenberg, étaient souvent leurs propres correcteurs ; à en juger par la « chambre des correcteurs » du Tourangeau Christophe Plantin, à Anvers, ceux des débuts jouissaient d'un statut enviable. Mis à part l'imprimerie à proprement parler, cette « chambre » est sans conteste la pièce la plus vaste et la plus belle de l'établissement. On y imagine sans peine des lettrés en robe molletonnée, un mantelet de fourrure sur les épaules, les pieds au chaud, installés à de grandes tables et corrigeant des épreuves en français ou en flamand, en latin, en grec ou en hébreu, dans l'univers clos de la spacieuse demeure de brique noyée dans les brouillards montant de l'Escaut.

Jérôme Hornschuch est l'auteur du premier traité de correction typographique. Son *Orthotypographia, instruction utile et nécessaire pour ceux qui vont corriger des livres imprimés et conseils à ceux qui vont les publier*, imprimée en 1608[2], dénonce déjà le triste sort réservé aux correcteurs, accablés de tous les maux : il se plaint notamment de l'état déplorable des copies* transmises à la composition et de l'incapacité des typographes à « comprendre le sens d'une phrase écrite en latin ou en grec ».

Voir aussi : *Humanisme* et *Vocation*.

Anglicismes

Des anglicismes hideux et injustifiables envahissent notre langue en quantité importante, c'est indéniable. Exemple, ces *freestyle* et *streetwear*, *stock options, prime time*... Mais la réaction « de défense », fruit d'une poussée de fièvre obsidionale, verse fréquemment dans l'aigreur et la franchouillardise, appelant à la rescousse les diverses usines à gaz de la francophonie, dont l'activité principale consiste à pondre de multiples circulaires.

On doit à l'honnêteté de signaler qu'une langue vit, qu'elle emprunte (certes de façon tout à fait excessive à l'anglo-américain de nos jours) ; ainsi, « fashionable » est admis en français depuis 1804, « cocktail » depuis 1860, et « interview », au demeurant parfait équivalent d'« entretien », depuis 1883 ! Que déjà Jules Verne abusait des shake-hands, des bank-notes, des macfarlanes, des tubs et des cabs… Plutôt que de les proscrire, la réaction positive peut être de mettre les termes incriminés en italique, de façon à les montrer du doigt en quelque sorte.

Parut en 1996 chez Deleatur un mince opuscule[3] qui souhaitait souligner que le virus linguistique avait aussi traversé le Channel en sens inverse – le pari étant d'écrire un texte en anglais comportant le maximum de mots français. En voici un extrait :

> « Camouflaged behind mignonettes in the parqueted salon of the Grand Hotel, Mrs Frog née LeFrog was contemplating a brochure: […] The coquette extracted a lorgnette from a papier-mâché étui and examined her aigretted chignon and her rouge in the mirror. Am I still an encored femme fatale?
>
> » […] En route to the toilets, she had had an echo of the grotesque blond-toupeted petit maître rendezvous-ing a femme de chambre. A real tour de force!
>
> » "Madame, seal vow play!" Faits accomplis and rodomontades: This maître d'hôtel (as well as his hostile confreres) was her bête noire. Hadn't he, in the de rigueur provocateur attitude, announced her a menu proposing pâté as the only hors d'oeuvre, filet

mignon, pot-pourri, chateaubriand, puréed cantaloup? No champagne, no foie gras, no venison vol-au-vent at the buffet, what a terrible scandal ! And the irradiated bouquet of the château-le-pinard promised only a severe migraine. Nothing pour la bonne bouche.

» In the consommé, an isolated gruyère croûton made more vigorous the impression of a liquid solitude. And, when the garçon served the lapin chasseur, coup de théâtre : a roquefort coulis sabotaged it! The chef, who was nothing of a cordon-bleu, deserved Madame Guillotine! No pardon for lese-majeste! But... cuisine was not her raison d'être. Bon appétit or... sauve qui peut? »

Anticléricalisme

Une tradition assez ancrée dans la profession... D'où le plaisir éprouvé à relever dans les potins de sacristie quelques punaises bien épineuses.

Le bulletin paroissial de la charmante commune des Ponts-de-Cé (Maine-et-Loire) s'appelait naguère *L'Écho des Ponts* ; la contrepèterie était-elle voulue ? Le curé était-il un habitué de ces « folles de la messe » qui hantent les confessionnaux ?

Dans un article, récemment paru dans un quotidien régional, intitulé : « Un monastère accusé de faux », on apprenait que le frère **Innocent**, « un religieux de bonne foi », était impliqué dans une affaire d'escroquerie à la TVA !

Boutmy[4] signale la mésaventure arrivée à un ecclésiastique : « Un certain curé, doyen de Templeuve, qui s'appelait *Boudin*, trouvant son nom peu décent et mal approprié à ses fonctions, sollicita auprès de M. le garde des Sceaux afin d'obtenir le changement d'une seule lettre : sa requête fut accueillie, et, à la place de *Boutin*, le Journal officiel enregistra... *Bousin* [...]. »

Apostrophe

Même la fine, la fluette, la modeste apostrophe revêt à l'occasion une importance irremplaçable. Qu'on en juge par cet exemple bien réel : « Il faut que j'arrête de **mastiquer** comme un vieux buffle » n'a pas du tout la même coloration que « Il faut que j'arrête de **m'astiquer** comme un vieux buffle ».

Argot

L'ouvrage d'Eugène Boutmy *L'Argot des typographes*, publié à la fin du XIXe siècle, fourmille d'anecdotes sur le petit monde de l'imprimerie. Même si certains termes ont disparu avec les techniques qui les ont vu naître, ils conservent une poésie teintée d'humour. Ce moderne abécédaire se veut un hommage implicite à son grand ancêtre. Voici quelques extraits du Boutmy :

> **Amphibie,** s. m. Ouvrier typographe qui est en même temps imprimeur ou correcteur.
> **Attrapance,** s. f. Vive dispute.
> **Attrape-science,** s. m. Nom ironique par lequel les ouvriers désignent quelquefois un apprenti compositeur. L'attrape-science est l'embryon du typographe ; la métamorphose demande trois à quatre ans pour s'accomplir ; vers seize ou dix-sept ans, la chrysalide est devenue papillon, et le gamin s'est fait ouvrier. À l'atelier, il a une certaine importance : c'est le factotum des compositeurs ; il va chercher le tabac et fait passer

clandestinement la chopine ou le litre qui sera bu derrière un rang par quelque compagnon altéré. [...]

Boire de l'encre. C'est la situation fâcheuse à laquelle paraît réduit un *frère* qui, invité à prendre sa part d'une consommation, arrive quand la fiole a été vidée rubis sur l'ongle. Dans son désappointement, il ne manque pas de s'écrier : *Est-ce que vous croyez que je vais* BOIRE DE L'ENCRE ? Non, car on fait alors apporter aussitôt une autre fiole.

Canuler, v. a. Ennuyer, fatiguer.

Chier dans le cassetin aux apostrophes, v. Cette phrase grossière et malséante peut se traduire en langage honnête par : « Quitter le métier de typographe. »

Étouffer un perroquet, v. Expression pittoresque pour dire : *Boire un verre d'absinthe,* sans doute à cause de la couleur verte de ce funeste breuvage.

Gourgousser, v. intr. Se répandre en jérémiades, en récriminations de toute sorte et à propos de tout.

Hanneton, s. m. Idée fixe et quelquefois saugrenue. || *Avoir un hanneton dans le plafond*, c'est avoir le cerveau un peu détraqué. On dit aussi, mais plus rarement, *Avoir une sauterelle dans la guitare* et *une araignée dans la coloquinte* [...].

Lever les petits clous, v. Composer. Un bon leveur est un ouvrier qui compose habilement et vite.

Loup, s. m. Créancier, et aussi la dette elle-même. || *Faire un loup,* c'est prendre à crédit, principalement chez le marchand de vin. Le jour de la banque, le créancier ou *loup* vient quelquefois guetter son débiteur (nous allions dire sa proie) à la sortie de l'atelier pour réclamer ce qui lui est dû. Quand la réclamation a lieu à l'atelier, ce qui est devenu très rare, les compositeurs donnent à leur camarade et au créancier une *roulance*, accompagnée des cris : *Au loup ! au loup !*

Prote, s. m. Chef d'une imprimerie. || *Prote à manchettes.* C'est le véritable prote ; il ne travaille pas manuellement ; son autorité est incontestée. Il représente le patron vis-à-vis des clients tout aussi bien que vis-à-vis des ouvriers. | | *Prote à tablier.* Ouvrier qui, en prenant les fonctions de prote, ne cesse pas pour cela de travailler manuellement. | | *Prote aux gosses.* Le plus grand des apprentis. | | *Prote aux machines.* Conducteur qui a la haute main sur les autres conducteurs d'un même atelier.

Roulance, s. f. Tapage assourdissant que les ouvriers d'un atelier font tous ensemble en frappant avec leurs composteurs sur leur galée ou sur les compartiments qui divisent les casses en cassetins, sur les taquoirs avec les marteaux, en même temps qu'ils frappent le sol avec les pieds. [...] Les *roulances* ne respectent rien : les protes, les patrons eux-mêmes, n'en sont pas à l'abri.

Taquer, v. intr. Frapper avec le marteau sur un morceau de bois nommé *taquoir*, pour égaliser le niveau des lettres d'une forme en baissant celles qui pourraient remonter. | | Par ext. et au fig. Frapper quelques coups légers avec le composteur sur le bord de la casse, quand un compositeur conte une *piau*. C'est une façon de protester contre ce qu'il dit ; c'est un diminutif de *roulance*.

Voleurs, s. m. pl. Morceaux de papier qui se trouvent collés aux feuilles durant l'impression (Vinçard), et qui produisent des *moines* sur la feuille imprimée. Momoro les appelle LARRONS.

B

Bas de casse

À ne pas confondre avec « bas de caisse ». Synonyme de minuscule, cette locution est toujours employée dans les métiers graphiques ; aux temps préhistoriques de la composition manuelle, le typographe saisissait dans la casse typographique (ces jolies boîtes où l'on range aujourd'hui les vanités domestiques) les caractères pour les aligner dans le composteur[5]. Les minuscules étaient, pour la plupart, rangées dans le bas de la casse, d'où leur appellation, souvent abrégée en « bdc ». (*Voir aussi : Capitale*.)

Bibliophilie

Il en va des bibliophiles comme des philatélistes et autres collectionneurs : les objets défectueux acquièrent avec le temps plus de prix que les irréprochables ! Voici un malicieux poème, allusion à l'édition du *Nouveau Testament* de Robert Estienne (1549), dont la préface comporte une inversion de caractères (*pulres* au lieu de *plures*) :

C'est elle ! Dieu ! que je suis aise !
Oui, c'est la bonne édition.
Les voilà, pages neuf et seize,
Les deux fautes d'impression
Qui ne sont pas dans la mauvaise.

Pons (de Verdun)[6]

Bœuf

❶ Avoir son bœuf, prendre un bœuf : se mettre en colère. Adjectif dérivé : bœuffier, coléreux. Exemple : « Une rouleuse bœuffière ». | | ❷ v Supplément de travail non rémunéré. « Ne pars pas comme ça ! Tu vas bien nous faire un petit bœuf ! »

Bourdon

Loin de butiner la science du correcteur, ce sympathique hyménoptère, qui hante les consciences*, désigne un oubli fâcheux dans la composition du texte. Le cas le plus fréquent se produit lorsque deux lignes ou deux paragraphes contiennent un mot ou un membre de phrase identique pouvant se raccorder grammaticalement : l'œil du compositeur saute allègrement de l'un (ou : de l'une) à l'autre sans le moindre remords ; quant au correcteur, il peut fort bien suivre son camarade dans son économie visuelle. Cette censure involontaire peut produire des rapprochements insolites, voire cocasses.

C

Cadratin

❶ Espace de la force du corps (par exemple : de 12 points en corps 12), donc carrée. | |
❷ Par analogie, jeune fille ou femme corpulente à l'excès, « double cadratin » étant franchement péjoratif.

Capitale

La capitale – la majuscule – tire son nom de l'écriture monumentale employée par les Romains.

En typographie, contrairement aux usages bureautiques, on ne sème pas de capitales à tous les coins de la page : on leur fixe un territoire restreint, afin de contenir leur prolifération préoccupante. Dans les textes fournis par le **C**lient (C cap), le pourcentage de capitales est souvent un bon indicateur de la vanité de la **P**ersonne (ou de l'**O**rganisme qu'elle représente).

Les règles typographiques déterminent un usage précis pour les petites et les grandes capitales. Il serait trop long, et fastidieux, d'en faire la liste exhaustive ; voici quelques exemples :

– le sommet du mont **B**lanc (mais le massif du **M**ont-**B**lanc) ;

– **C**omité **o**ntologique **n**ational (ce n'est pas parce qu'on use et abuse de sigles* qu'il faut mettre des capitales partout… surtout ici !) ;

– le **xvi**^{e} siècle (petites capitales), mais

Louis **XVI** (grandes capitales, même s'il s'est fait raccourcir)...

Nota : ne jamais oublier l'importance de la capitale, ou *cap*, que le commun des mortels appelle « majuscule ». Par exemple, on ne confondra pas : « passer [une sauce] au **c**hinois » et « passer [un savon] au **C**hinois ». Et « Je me suis fait le petit **g**rec du coin de la rue » ne pourra s'appliquer qu'à un restaurant.

Faut-il ou ne faut-il pas accentuer les capitales ?

En typographie traditionnelle, on accentuait surtout les E. Avant l'invention des ordinateurs de bureau (dans le jardin tentateur, Dieu plaça la Pomme), les claviers des machines à écrire n'autorisaient qu'un nombre limité de caractères, et l'on faisait l'économie des capitales accentuées. Or les « tables » de caractères des ordinateurs contiennent la plupart des lettres accentuées (majuscules et minuscules) des langues européennes. Il est donc inutile de s'en priver... d'autant qu'un accent fait toute la différence entre un INTERNE et un INTERNÉ, un plat SALE et un plat SALÉ, la pêche aux CONGRES et celle aux membres du CONGRÈS...

Cassetin

❶ À l'origine, l'un des petits compartiments de la casse (contenant les caractères d'une même police). | | ❷ Local des correcteurs – le « cassetin des correcteurs » étant un pléonasme d'un classicisme irréprochable.

Catachrèse

Du grec *katachrêsis*, « abus ». N'est pas un gros mot, en dépit du Capitaine Haddock. Emploi d'un mot pour un autre, « allocation » pour « allocution ».

Mais aussi, et surtout, figure de style réglementée. On distinguera :

❶ ***Les catachrèses de métonymie.*** *a*) Métonymie de la cause : un Rubens, pour un tableau de Rubens. *b*) Métonymie de la chose : un masque, pour une personne masquée. *c*) Métonymie du contenant : le barreau, pour les gens du barreau. *d*) Métonymies du contenu : la Bourse, lieu où s'assemblent les banquiers.

❷ ***Les catachrèses de synecdoque****. *a*) Synecdoque de la partie : avoir cinq têtes (pour individus) à nourrir. *b*) Synecdoque de la matière : porter du coton (pour des étoffes de coton). *c*) Synecdoque d'abstraction : le ministère (pour les ministres). *d*) Synecdoque du genre pour l'espèce, de l'espèce pour l'individu, ou vice versa : un tartufe.

❸ ***Les catachrèses de métaphore**** : les ailes d'un bâtiment, les bras d'une balance, la tête d'un chou.

Chameau

Ou chameau coureur : dans les équipes de presse, celui ou celle qui va de table en table, distribuant le travail. Mieux vaut être en bons termes avec lui.

Chapô

Le chapeau est une « courte introduction en tête d'un article de journal ou de revue » (*Petit Larousse*). Pour une raison inconnue, ce mot s'écrit toujours chapô dans la presse.

Chariot

Le rugissement « Chariot la Une ! » indiquait jadis dans les ateliers de presse que la page Une venait d'être composée ou lue et appelait en priorité absolue le chariot qui passait entre les travées, ramassant les épreuves.

Chaud et froid

Rien à voir avec *Le Cru et le Cuit* ni avec le mal de gorge. Dans la presse, le chaud désigne les pages qui seront bouclées au dernier moment en raison de l'actualité ; le froid, les pages qui peuvent être réalisées en avance, par exemple : culture, gastronomie, tourisme, etc.

Cimetière

Désigne les corbeilles où l'on garde un certain temps, en cas de contestation, la copie * et les morasses * déjà lues. Paradoxalement, la « viande froide * » n'est jamais mise au cimetière.

Cinéma

Les correcteurs sont à l'honneur dans le film *L'Homme fragile*, de Claire Clouzot (1980). Richard Berry y campe un correcteur de presse tiraillé entre sa vie personnelle et les bouleversements techniques qui perturbent sa vie professionnelle – le passage de la composition plomb à la photocomposition. Le bureau des correcteurs du *Monde*, les locaux du *Matin* et de *France-Soir* servirent de cadre à cette histoire attachante. Signalons la présence au générique, en qualité de conseiller technique, de Jean-Pierre Colignon, alors chef correcteur au *Monde*. Plus de vingt ans après, la révolution technologique de la photocomposition a pris un sacré coup de vieux, face aux nouvelles technologies d'aujourd'hui, appelées à disparaître devant celles de demain... Dans l'attente du Grand Bug universel, astiquons les composteurs et graissons les Linotype, on ne sait jamais !

Code typo

Comme le rappelle avec raison Jacques André (*Cahiers Gutenberg*, n° 31, décembre 1998), il n'existe pas de Code typographique au même titre que le Code civil, mais un ensemble d'usages et de règles reconnus par consensus, ces règles pouvant différer d'un organisme à l'autre, d'une époque à une autre.

Citons tout de même le *Lexique des règles typographiques en usage à l'Imprimerie nationale*, sorte de bible officieuse publiée par la vénérable institution en 1990, ou le *Mémento typographique* de Charles Gouriou (Hachette, 1973). L'important, c'est de pouvoir justifier des choix contestables par des références irréprochables.

Conscience

« Travailler en conscience », c'était travailler à la journée ou à l'heure, par opposition aux ouvriers payés aux pièces. S'entendait encore voilà une vingtaine d'années. « La conscience » étant le local réservé à ces ouvriers.

Copie

Tout texte à composer, qu'il soit manuscrit, dactylographié ou imprimé. « Copie propre » : qui ne donnera que peu de tracas au correcteur. Par opposition à l'autre, « écrite avec les pieds »...

Lisons Frey[7] :

> « Les compositeurs, les correcteurs, les patrons eux-mêmes, s'estimeraient heureux qu'on leur donnât toujours pour copie un manuscrit seulement lisible. Que les noms de lieux, d'hommes, les termes techniques, les expressions peu connues, les citations en langues étrangères, soient correctement écrits, l'intelligence du typographe suppléera au reste. Mais si, comme on le voit trop fréquemment, l'auteur ne livre qu'une indéchiffrable cacographie, mille inconvénients surgissent [...]. »
> *(Voir : Coquille.)*

Coquille

Origine possible du terme : l'oubli d'un « q » dans la composition du mot « coquille », avec le fâcheux résultat que l'on devine !

Dans son *Grand Dictionnaire universel du* XIXe *siècle*, Pierre Larousse définit ainsi la coquille : « On donne ce nom à l'omission, à l'addition, à l'interversion ou à la substitution, dans les ouvrages imprimés, d'un ou de plusieurs caractères typographiques. Ces erreurs, qui proviennent soit de la faute du manuscrit, soit de l'ouvrier typographe, soit d'un oubli dans la correction, sont très-difficiles à éviter. » Et de donner des exemples : « L'Anglais H. Johnson publia, en 1783, une notice relative à un nouveau procédé qu'il avait découvert et au moyen duquel l'erreur typographique disparaîtrait ; mais la notice elle-même contenait une coquille : on y lisait *Najesty* pour *Majesty*. »

À l'époque de Pierre Larousse, les travaux d'imprimerie étant composés à la main, la coquille pouvait aussi être le résultat d'une erreur de distribution – le rangement des caractères dans la casse après l'impression. Il arrivait également que des caractères sautent au moment du tirage : « [...] supposons que le texte donnait cette phrase : "Les mots sont les *signes* de nos idées", et que ce soit le *g* qui ait dansé une sarabande ; il est remis entre *n* et *e*, et il en résulte cette reine des *coquilles* : "Les mots sont les *singes* de nos idées". »

Combien de fois n'a-t-on pas accusé le correcteur d'incompétence – quand ce n'est pas d'intention de nuire ! – pour des coquilles malencontreuses abandonnées à leur sort capricieux. Les plus grosses sont souvent les plus difficiles à détecter : lors d'une campagne d'affichage pour la Transantar**c**tica, le « c » était resté collé par le gel sur le clavier du graphiste. C'était le seul mot présent sur l'affiche...

Coquille (bis)

Petit affluent de la Seine, la Coquille prend sa source à proximité de sa grande sœur. Naguère, quelques correcteurs eurent le vague projet d'adresser un courrier, via un très officiel organisme représentatif, au maire de la commune concernée, l'engageant à veiller à un débit suffisant du cours d'eau afin de garantir la profession contre un assèchement accidentel de ce qui constitue une part non négligeable de son activité.

Correcteurs orthographiques

Ces logiciels de correction, qui, à en croire certains employeurs, devaient permettre de se passer des services des correcteurs en chair et en os, sont à l'origine de bien des bourdes, lorsque la correction suggérée est effectuée sans contrôle. Exemples :

– « Un tribunal marocain lève la suspension d'un journal *satyrique* » (*Le Monde*, 28 décembre 2001) ;

– « Entartrage » pour « entartage » (*Le Monde*, 5 novembre 2002) ;

– Un film en 16/9 devenant un film « 16 septembre »…

Couilles

Désignent le tréma – quoi de plus expressif en effet, pour des esprits mal tournés, qu'un « ï » ? On criera : « Polaroid, sans couilles. Händel, couilles ! Mme Joëlle en a ! »

Coupure (ou coupe)

Bonne ou mauvaise, la coupure (et non : « césure », selon les logiciels hâtivement traduits de l'anglais) des mots en fin de ligne est toujours cause de désagréments. En principe, il ne faut pas plus de trois coupes successives et, jusqu'à la récente libération des mœurs, il était interdit de couper sur les syllabes malsonnantes (cul- con- chi-...).

Dans la rubrique nécrologique d'un quotidien, les avis d'obsèques commençaient toujours par :

« Vous êtes priés d'assister aux ob-
sèques de... ».

Les hasards de la justification * provoquaient une horrible coupe : ... aux ob-sèques, invitant l'esprit du lecteur à des vagabondages hors de propos. Autre exemple authentique de coupe intempestive : « Le choc des cul-(tures) ».

Dans les ateliers, la première phrase que l'on faisait composer au nouvel apprenti (après lui avoir expliqué en long et en large les interdictions de coupe) comportait le mot « concupiscence », qu'il devait composer sur une justification trop courte pour y faire tenir le mot en entier. D'où le tourment du jeune « attrapescience », écartelé entre son souci d'appliquer la règle nouvellement apprise et l'impossibilité de la respecter !

D

Deleatur

Un des signes* conventionnels, utilisés par le correcteur pour indiquer une suppression dans le texte. Pascal Quignard précise, dans le numéro 2 de la revue *Caravanes* (Phébus, 1992) que le deleatur est l'héritier du thêta grec, « première lettre du mot *thanatos* [...] que le pouvoir met en face du nom du coupable sur la liste des proscriptions ou sur celle des victimes. [...] On appelle désormais ce thanatos le *deleatur*. Les questeurs romains y avaient recouru pendant des siècles pour cocher sur les listes de la solde les légionnaires morts en campagne. C'est la lettre qui désigne une lettre fautive ou un mot ou une phrase qu'il ne convient pas de retenir dans la page imprimée. »

Un autre signe porte un nom latin : le *versatur*, pour indiquer les caractères à retourner. À l'heure de la composition informatique, ce signe est tombé en disgrâce.

Devise

« Mourir pour une virgule », telle pourrait être la devise de la profession.

DH

Dernière heure (« Des nouvelles de... » et non : la dernière heure est arrivée pour les correcteurs !).

Dicomono

Le Dicomono du Docteur Joinul (http://www.dicomono.com) ne s'intéresse qu'aux monosyllabiques ; les définitions sont accompagnées de citations elles aussi monosyllabiques. De ce site remarquable, qui flirte avec l'Oulipo et la 'Pataphysique, voici quelques extraits : « *Ceux à qui "le coup d'œil" ne manque pas auront d'emblée saisi sa spécificité, laquelle, en ce siècle de l'acronyme, de l'apocope, du fractal, de l'atome, et du numérique se manifeste comme un visuel chapelet prémonitoire de particules essentielles.* » Le lecteur est prévenu dès l'écran d'accueil !

Extraits

ah ! Intj. | | Exp. : « Ah bah !, ah bien oui !, ah ça ! » | | Exp. Québ. : « Il n'est pas dans le ah ! ah ! » = Il n'est ni beau ni laid. | | Cit. : « Ah que le cœur est double, et sait bien l'art de feindre ! » Molière, *Le Misanthrope* / « Mme Pace : Ah, yo mé voy, mé voy – pour sour qué yo mé voy... » Pirandello, *Six personnages en quête d'auteur* / « Ah, chair de ma chère ! Le cœur chante-clair si les oies volent haut. » J. Joyce, *Finnegans Wake* / « Ah Ah ! Ah ! Ils ne savent dire que : Ah !... Que : A mène... Et merde pour ces a. » P. Joinul, *Oublions nos querelles voici que s'avance le vitrier boiteux.*

bac nm. | | Ex. : « Le bac est une nef plate, ou va et vient, qui passe les êtres et les choses d'un bord à l'autre d'un cours d'eau. » / « Au bac on snif' d'la coll'! » / « La langue des signes au bac, ça c'est chouette !, tu ne peux plus être mis out pour triche. » | | Exp. : Passe ton bac et fais pas chier tes vieux ! / Bac de nuit (Québ.) /

Jette moi ça au bac ! = à la poubelle (Belg.) / Un bac de bière (Belg.) | | Pr. : Un bac blanc vaut deux nègs. / À qui va trop vite et tourne mal, la tête choit dans le bac à sable. | | Cit. : « Vivre en vrac : On peut être star sans son bac. » (*Marie-France*, n° M5165-28) | | Bx-A. : Le bac, S. van Ruysdael, 1633?

z nm let., symb. | | Exp. : Fait comme un Z / De a à z. / Tous les jours je fais pour mon mac des pom z. | | Cin. : *Z*, K. Costa-Gavras, 1969.

Dictée

Héritée de l'école de Jules Ferry, la dictée, qu'elle soit de certificat d'études ou « de Pivot » (modèle breveté), constitue une forme perverse de torture mentale, subie ou désirée.

Réduire la maîtrise d'une langue au simple polissage de sa façade, voilà bien l'esprit français (tout va bien quand on ne lave que ce qui se voit : Freud, lorsqu'il suivait les cours de Charcot à Paris, en 1885, avait été impressionné par un médecin légiste qui reconnaissait l'origine sociale d'une noyée à la propreté de ses genoux : « Les genoux sales sont le signe d'une fille honnête [8]. »). « À belle langue bonne orthographe », comme dit le dicton ! Il serait préférable d'inciter les francophones de tout poil à enrichir leur vocabulaire (pas plus de 300 mots dans la bouche d'un journaliste de JT ; audelà, les téléspectateurs sont obligés d'alourdir le plateau-repas d'un dictionnaire), à structurer leurs phrases, à apprécier les infinies variations des idées, les subtiles combinaisons des mots, les figures de style savoureuses…

Dictionnaire(s)

« Le dictionnaire est à la littérature d'une nation ce que le fondement, avec ses fortes assises, est à l'édifice. » (Dupanloup.) Les « fortes assises » de cette épigraphe du *Grand Dictionnaire universel du XIXe siècle* feront sans doute moins rêver le lecteur d'aujourd'hui, mais l'image n'a rien perdu de son actualité !

Si vous avez du mal à trancher entre Larousse et Robert, vous pouvez vous plonger dans *La Rousse aux petits roberts*, inénarrable roman coquin paru dans la défunte collection La Brigandine.

Cela dit, on peut utiliser les deux (Robert) et le (petit) Larousse suivant le problème rencontré, l'humeur du moment (l'envie de se perdre au fil des pages, les délices d'un mot rare...). Évidemment, le Robert en six volumes, ça fait classe sur l'étagère, c'est passionnant de s'y plonger, mais peu pratique en situation de chauffe.

Ayez toujours à portée de main : un dictionnaire général maniable et quelques usuels *.

Pour les curieux, il existe un dictionnaire Texto/français et, sur Internet, le *Dicomono* * du Docteur Joinul et le site *Echolalie* *.

Dudule

Indique, ou plutôt indiquait, par convention « Ici, titre ou nom à venir ». Attention de ne pas laisser filer « M. Joseph Dudule, sénateur du département de Dudule-et-Dudule »...

E

Échelle des corps

Composer par ordre de grandeur croissant le texte, le sous-titre et le titre semble tomber sous le sens. Pourtant, dans le métro parisien des années 1960, les voyageurs purent contempler pendant fort longtemps une affichette publicitaire ainsi rédigée :

AU JAPON
LES SOURDS
ENTENDENT DÉSORMAIS
GRÂCE AU MERVEILLEUX APPAREIL
MIS AU POINT PAR LES TECHNICIENS
DU LABORATOIRE DU Dr X., etc.

« Au Japon les sourds », en caractères d'affiche, suivi d'un texte composé en petits caractères ? Voilà qui pourrait prêter à confusion, car c'était l'époque où la droite scandait : « Les cocos à Moscou »…

Echolalie

Sur le site http://mapage.noos.fr/echolalie, un très intéressant (quoique bref) dictionnaire en ligne. En voici quelques extraits :

Anthraxille (854, mot d'origine valorique) (n. f.). Fleurette des sentes alpestres, à pédoncules en mauviette, découverte par le géant Anthrax après le drame de Roncevaux.

Butyreux, euse (adj.). De la nature ou de la consistance du beurre. Exemple : « Le caudataire accomplissait son office d'une main négligente et butyreuse. »

Démutiser (v. tr.). Guérir de la mutité. « Exemple : Parce qu'il portait un abraxas, les caudataires ont sauvagement démutisé le balanophage. »

Éculon (n. m.). Chez les ciriers, récipient contenant la cire fondue que l'on va éculer. Exemple : « Le cirier du Roy : "Veuillez me passer l'éculon, sire, que j'écule la cire". »

Élision

Ce point, en apparence mineur, soulève quelques difficultés. Vous avez le bonjour d'Alfred, bien sûr, et vous rêvez de Hawaii en regardant un nanar de Hollywood, adapté d'un succès d'Homère revu par la plume de Hölderlin, voire d'Hugo, et certes pas de Hirohito. Et si un papier à en-tête « Mairie de Le Mans » ou une affiche « un film de Anthony Mann » relèvent de l'ignorance la plus crasse, pourquoi avaler le « bouillon d'onze heures », fatale décoction, alors qu'on s'apprête à prendre le bus de 11 heures ? Mystère de l'usage.

Espace

❶ En typographie traditionnelle, ce terme est féminin. | | ❷ Espace fine. *a*) Du temps de la composition au plomb, la plus petite espace existant (un point) ; *b*) Par analogie, jeune fille ou femme très mince, voire maigre *(voir également : Cadratin)*. Mais lorsqu'on parle d'*espace fine*, cela ne signifie pas que les membres de l'honorable confrérie s'adonnent à des parties du même genre…

Esperluette

L'esperluette, « & » ou « et commercial », nous vient de la ligature médiévale pour « et ». L'esperluette évoque des sous-bois traversés d'elfes espiègles :

> « Bouffonnes, rieuses et polissonnes, les Esperluettes surgissent au début de l'été en de longues files processionnaires. On accourt alors de toutes les contrées environnantes pour admirer leurs danses et leurs jeux. Mais prenez garde à leurs invites car vous tourneriez et rouleriez toute la nuit sans espoir de vous reposer et, votre vie durant, ressentiriez comme un vent léger dérober vos pensées[9]. »

Extension de sens

Entérinée par l'usage, elle est souvent légitime. Par exemple, l'extension de sens de *rutilant* (de « rouge brillant » à « brillant » tout court), que certains puristes dénoncent encore, remonte au… XVIe siècle ! Notons cependant quelques âneries :

– Dans le domaine de la zoophilie (« Déviation sexuelle dans laquelle les animaux sont l'objet du désir », selon le *Petit Larousse*), on a vu employer l'expression « petits zoophiles » dans le sens d'enfants amis des animaux !

– Circassien, originaire de la Circassie,

« ancien nom de la contrée située sur le versant nord du Caucase » (*Petit Larousse*), s'emploie parfois aujourd'hui, pour de simples raisons phonétiques et dans la plus intense confusion de sens, comme adjectif dérivé de « cirque ». Ex. : « Le renouveau des spectacles circassiens. »

F

Faute (notion de)

Voir : Folie, car la recherche éperdue et obsessionnelle de la faute, réelle ou imaginaire, peut dénoter une certaine fêlure de la calebasse. Pour certain(e)s, en effet, il n'existe pas de bonne copie, mais seulement de la copie mal lue.

Folie

La correction peut-elle rendre fou ? Oui, si l'on en croit l'histoire de Nicolas Cirier. Dans la première moitié du XIXe siècle, cet employé de l'Imprimerie royale tomba dans le délire typographique après son renvoi de la vénérable institution. Outre des libelles enflammés contre son ancien employeur, Nicolas Cirier publia plusieurs ouvrages [10], dont *l'Apprentif administrateur, pamphlet pittoresque littérario-typographico-bureaucratique pouvant intéresser toute personne employée, employable, ex-employée par quelqu'un de cette dernière catégorie* (1840) ; *l'Orthographe rendue facile* (1850), où l'on peut découvrir un étonnant ukase de l'Académie cosaquo-française.

« [...] nous avons décrété et décrétons :

« Art. Ier – La langue statuquopolitaine est, ou sera très prochainement, inalphabétique, hiéroglyphique, chinoise enfin ! cosaque au besoin.
« Art. II – Une commission sera nommée pour désalphabétiser le langage écrit, et ce, par tous les moyens que dans sa sagesse elle jugera les plus efficaces ; notamment en multipliant les lettres oiseuses et supprimant les lettres utiles, celles qui se prononcent. [...] [Signé :] Nicolaus Uzajowitz, XIIe du nom, Président-Empereur de toutes les Orthographes » [...].
(Voir aussi : Orthographe d'apparat.)

On peut soutenir, a contrario, que l'activité correctoriale/corrigeuse/corrigeante attire tous ceux et toutes celles qui consacrent désespérément leur vie à la recherche de règles strictes régissant ce monde désormais dépourvu de repères, les obsessionnels, les psychorigides, les Gorgouloff du participe passé, les Beria de l'anacoluthe, les Goebbels du solécisme, les Ben Laden du barbarisme, bref tous ceux et celles qui ont une prédisposition marquée au port de l'entonnoir. Toute autre secte que celle des virguleux eût pu les séduire.

G

Gonglés (pieds)

Cette horrible maladie, qui se contracte pendant les fortes chaleurs estivales, fut signalée pour la première fois par une affichette, dans la vitrine d'un pharmacien : « *Voilà l'été qui arrive, pensez à vos pieds : cors, durillons, pieds gonglés...* »

Ernestine Chasseboeuf, pétulante et troglodytique nonagénaire, s'empressa d'écrire au pharmacien :

> « [...] Moi ça fait depuis l'été 1945 que j'ai une maladie des orteils que personne connaît. [...] Au début c'est plutôt joli, c'est les ongles qui prennent toutes les couleurs de l'arc-en-ciel, le pouce rouge, et les autres ongles jaune, vert, bleu et violet, ça change tous les jours, mais c'est au bout de quinze jours que ça se gâte, ça devient kaki puis noir, et quand les ongles tombent ça sent mauvais parce que c'est un peu pourri par en-dessous. [...] Répondez-moi vite pour me dire si c'est bien comme ça quand on a les pieds gonglés, parce que j'ai montré ça à bien des docteurs, mais ça les fait plutôt rire et quand ils regardent dans leurs livres ils peuvent même pas me dire comment ça s'appelle, et c'est ça le plus dur. Avec la télé maintenant je peux savoir que c'est Mintimir Chaïmiev le président du Tatarstan, mais je vais mourir sans avoir su le nom de la maladie de mes orteils, et je trouve pas ça juste.
>
> » Si vous voulez les voir, je vous les apporterai pour que vous soyez vraiment sûrs, en ce

moment, ils sont splendides, ils gonglent au maximum et j'espère que ma lettre vous trouvera de même [11]. »

Gris

Le « gris typographique » désignait, à la haute époque, la qualité visuelle d'une page composée avec amour et savoir-faire sans la moindre lézarde, sans coupure intempestive ni aspérité visuelle choquante. Aujourd'hui, dans le langage des divers créatifs, graphistes, publicitaires, il désigne benoîtement le texte imprimé, devenu vague accompagnement de la photo ou de l'illustration : « Faudrait du gris, là, non ? »

H

Hommes de lettre(s)

« Parmi ceux qui ont exercé la profession de correcteur, on compte quelques hommes devenus célèbres. [...] On ne doit pas s'étonner de rencontrer un grand nombre de littérateurs parmi ces hommes qu'un labeur continu met en perpétuel contact avec les écrivains de tout genre. Les plus connus sont : Érasme, Froben, Amerbach, [...] l'abbé de Bernis, Béranger, [...] P.-J. Proudhon et Pierre Leroux, etc. Aussi, outre ceux que nous avons cités, et à un rang inférieur, on pourrait nommer encore des romanciers, des poètes et des journalistes. » (Boutmy.)

La tradition perdure ; aujourd'hui encore, un nombre important de correcteurs sont également écrivains – souvent d'un rang « inférieur » selon la typologie de Boutmy : poètes et romanciers –, à commencer par vos deux serviteurs.

Humanisme

« Dans le traité d'Érasme, qui avait été correcteur d'imprimerie chez Alde l'ancien, à Venise, et chez Froben, à Bâle, intitulé *Vidua christiana* [la Veuve chrétienne], dédié à Marie, reine de Hongrie, sœur de Charles-Quint, une faute diabolique a rendu cette édition célèbre dans les fastes de la typographie. Érasme s'était exprimé ainsi en parlant de la reine de Hongrie : *Mente illa usam eam semper fuisse, quæ talem fæminam deceret* [Elle fit toujours usage de l'esprit comme il convenait à une telle femme] ; on imprima *Mentula* (organe de la génération), au lieu de *Mente illa*. Il y eut plus de 1 000 exemplaires distribués avant qu'on s'aperçût de cette erreur. Érasme a écrit qu'il eût donné 100 pièces d'or pour que cela ne fût pas arrivé. » *(Grand Dictionnaire universel du* XIX*e siècle.)*

J

Justification

S'il faut parfois se justifier pour des choix syntaxiques aventureux, le mot « justification » a en typographie un tout autre sens : il caractérise la longueur de la ligne.

K

Kiosque

« C'est dans les kiosques ! » Le journal est sinon paru, du moins en route pour l'imprimerie. Trop tard donc pour les ultimes repentirs du journaliste, les ultimes lubies du correcteur.

L

Lait

Afin de lutter contre le saturnisme provoqué par le plomb entrant dans la composition des caractères typographiques, il était recommandé aux ouvriers de boire du lait. (Peut-être aussi pour se donner du courage, si l'on en croit le célèbre distique holorime d'Alphonse Allais :

> Par les bois du Djinn, où s'entasse de l'effroi,
> Parle et bois du Gin ou cent tasses de lait froid.)

La tradition a perduré, même après la généralisation de la photocomposition : il y a quelques années, on envoyait encore l'attrape-science chercher du lait à l'épicerie du coin, tout en lui recommandant de choisir du 12,5° !

Lapsus

Le lapsus d'un puissant de ce monde ne sera bien sûr jamais corrigé ; au contraire, le correcteur pourra le signaler d'un *(sic)*. Exemple, dans *Le Figaro* du 22 novembre 2002, Nicolas Sarkozy, vibrionnant ministre de l'Intérieur, évoquant un « fichier d'empreintes *génitales* » (pour « génétiques » !).

Légion étrangère

Nombre de typos et de correcteurs, ayant toujours épousé les idées les plus avancées, ont été très tôt « de sensibilité libertaire ». Néanmoins, par une étrange aberration, certains pacifistes de l'entre-deux-guerres ont chu dans la collaboration la plus éhontée, et c'est ainsi qu'après 1945, dit-on, on put voir regagner leur famille d'origine – et leur chasse à la coquille – des garçons ayant combattu sur le front russe sous l'uniforme feldgrau, voire d'anciens miliciens. Cela, joint au caractère de toute façon hétéroclite du recrutement, valait parfois à la profession, dans les années 1950, le surnom de « Légion étrangère »... *(Voir aussi : Vocation.)*

Lignes à voleurs

Se disait jadis de lignes trop espacées, qui auraient pu entrer dans la ligne précédente et qui étaient le fait de compositeurs payés à la ligne.

On a vu plus récemment certains auteurs payés au feuillet ne pas hésiter à tirer à la ligne sans vergogne pour facturer de véritables « feuillets à voleurs » se limitant à quelques mots.

Localités singulières

Quelques innocentes bourgades soulèvent de délicats débats.

C'est le cas de l'honorable chef-lieu de canton angevin **Seiches-sur-le-Loir** [12], dont les habitants partagent avec ceux de la commune de **Molles** (Allier) le triste privilège de ne pouvoir désigner leur maire autrement que par des périphrases du genre « premier magistrat », sous peine de faire perdre au pauvre homme toute dignité... La situation était d'autant plus pénible à Seiches que ce dernier s'appelait naguère Monsieur Fréchier. Dans les ateliers des quotidiens locaux, lors de la relecture des comptes rendus du conseil municipal, les consignes étaient à la vigilance la plus stricte.

Toujours en Maine-et-Loire, la commune des **Cerqueux-de-Maulévrier** a récemment raccourci son nom en « Les Cerqueux », ce qui prête moins à suspicion sur l'état hélicoïdal et flaccide du clocher du village.

À quelques kilomètres, le hameau de

La Trique (Deux-Sèvres) réclamait, il y a quelques années, son rattachement à la commune de Saint-Laurent-sur-Sèvre (Vendée) dont ne le séparait qu'une rue. Les habitants avaient donc constitué une « association de défense de la Trique » chargée de soutenir leur noble cause auprès des autorités compétentes.

Quant au bal des pompiers, il fut confié une année au corps de **Ballée** (Mayenne). À Château-Gontier, toujours en Mayenne, l'association des buveurs repentis tenait ses réunions... rue **Jean-Bourré** !

Enfin, dans la banlieue thouarsaise, la commune de Sainte-Verge fait couler beaucoup d'encre... Le nom vient-il, comme le prétend Ernestine Chassebœuf, d'une coquille de l'almanach des Postes ? « **Verge (Sainte) :** sainte patronne des Crapaillauds, fêtée le 15 août. Abandonnée à sa naissance dans la forêt pour de sordides raisons de succession au trône, sainte Verge, héritière d'une grande famille catholique de la région de Thouars, aurait été recueillie par des Crapaillauds d'à-haut. Elle vécut avec eux pendant toute sa longue vie (115 ans) sans jamais essayer de les évangéliser. Elle ne doit sa canonisation qu'à une coquille d'Alfred Oberthur, imprimeur de l'almanach des Postes. (DAIMEYEUR É., *Vie des Saints du pays saumurois.*)[13] » Quelle que soit l'origine du nom de leur village, les habitants de Sainte-Verge portent fièrement leur nom de Saint-Vergeois.

Que de tracas les adjectifs dérivés de noms de lieux n'occasionnent-ils pas ! Bellifontains, Clodoaldiens, Maxipontains, Ménéhildiens,

Pont-l'Abbistes, Chilotes, Hongkongais, Liverpudléens, Glaswegiens ? Suivra-t-on bêtement le *Grand Larousse* en qualifiant les habitants de Lisbonne de Lisbonais ou de Lisbonains, ou bien démarquera-t-on l'usage portugais en écrivant « Lisboète » ? Quid des natifs de New Delhi, de Hangzhou, de Punta Arenas, de Tora Bora, de Bora Bora ?

Toutefois, on n'oubliera pas, au risque de paraître malsonnant, que les habitants de Puteaux sont des Putéoliens, et ceux de Corfou, des Corfiotes.

M

Maigre

« Un peu de maigre ! » : parle moins fort, ramène-la un peu moins.

Marbre

Terme qui a survécu aux bouleversements technologiques. Au départ, ce mot désigne le support de la presse. Corriger sur le marbre : en dernière minute. Aujourd'hui, au contraire, du marbre, c'est de la copie* ou des morasses* qui seront utilisées plusieurs jours ou semaines plus tard.

Marche

Ou « marche maison ». Interprétation des règles et usages typographiques propre à une entreprise. S'exclamer : « C'est la marche ! » d'un ton assuré résoudra bien des difficultés.

Marronnier

Se dit d'un sujet qui revient avec régularité dans la presse : le palmarès des plages en juin, celui des lycées à la rentrée, celui des pistes de ski ou des hôpitaux en hiver, sans oublier, plus irrégulièrement, l'immobilier, les francs-maçons, le salaire des cadres… Tels les marronniers, ces thèmes inusables et toujours vendeurs refleurissent tous les ans.

Martyr

« Étienne Dolet, imprimeur à Lyon, fut pendu et brûlé, comme athée et relaps, pour avoir ajouté les mots du tout à la fin de cette phrase, traduite de Platon : "Après la mort, tu ne seras plus rien." Et peut-être cette addition n'était-elle qu'une malheureuse coquille. » *(Grand Larousse du XIXe siècle.)*

Métaphore

Le correcteur veillera à ne pas laisser entrer en collision des demi-métaphores inappropriées ou des métaphores de contexte différent. Ex. : « La goutte d'eau qui a mis le feu aux poudres » ou « L'étincelle qui a fait déborder le vase ». Exemples outrés, mais le fait est fréquent : « Il a mis le grand braquet, botté en touche et franchi la ligne jaune » se peut rencontrer.

C'est surtout dans le domaine de la vie politique et en ce qui concerne l'entreprise que la presse use et abuse de métaphores dont le correcteur aura soin de vérifier l'équilibre, en récusant par exemple « Tenir la barre du char de l'État » (mais non la pertinence, choix de l'auteur). On remarquera qu'un grand nombre résistent fort bien au passage des siècles :

1) ***Aéronautique.*** Mettre le pilote automatique, traverser une zone de turbulences, descendre en flammes, atterrir sur le ventre ;
2) ***Alimentaire.*** Boire le bouillon, dégraisser (les effectifs) [Claude Allègre, alors ministre de l'Éducation nationale, a émis en son temps une métaphore historique : « Dégraisser le mammouth. » Trait d'esprit qui a tant

scandalisé parce qu'il fait se heurter « dégraisser » – connotant ici plus le tranchet du boucher que l'écumoire du gâte-sauce –, et « mammouth », terme alliant l'idée de gigantisme, voire d'obésité, à celle d'archaïsme irrémédiable. Les réactions indignées des personnels concernés attestent la force de l'image], le gratin, en remettre une louche ;

3) ***Animalière.*** Dans le cortège quasi infini des métaphores animalières, nous recommandons : un œil d'aigle ou de lynx, bander comme un âne[14], crotté comme un barbet, quel blaireau !, un cador (positif, récent), le Castor (surnom de Simone de Beauvoir pour Jean-Paul Sartre, mais aussi sexe féminin en argot britannique, *beaver*), des larmes de crocodile, se faire pigeonner... « Les Français sont des veaux. » (Charles de Gaulle) ;

4) ***Automobile.*** (Moins répandue qu'on ne pourrait le penser.) Démarrer sur les chapeaux de roue, appuyer sur le champignon, faire le plein (d'énergie, d'optimisme...), être en pole-position ;

5) ***Électrique.*** Être survolté, être sous tension, et surtout péter un plomb (un câble). Disjoncter, être déconnecté ;

6) ***Ferroviaire.*** (En recul, mais résiste.) Forcer les feux, forcer la vapeur, faire machine arrière, être mis sur une voie de garage, une erreur d'aiguillage ;

7) ***Guerrière.*** (Toujours en usage.) Monter au créneau, prendre l'offensive, faire retraite, ouvrir le feu, tirer à boulets rouges, la flèche du Parthe ;

8) ***Informatique.*** (Connotations surtout négatives, pour l'instant.) Être en boucle. « Elle a eu un gros bug ! Et lui ? Il n'imprime plus ! » ;

9) ***Maritime.*** Toutes voiles dehors, vent debout, vent arrière, réduire la toile, couler à pic, naviguer dans le brouillard, prendre l'eau de toutes parts, arriver au port. Les soutiers ;
10) ***Religieuse.*** Mettre le petit jésus dans la crèche ou tremper son goupillon dans le bénitier (sens obscène) ;
11) ***Sportive.*** (Inflation.) Monter au filet, botter en touche, se détacher du peloton, mouiller le maillot, la troisième mi-temps... Recevoir un carton rouge. Un tiercé gagnant ;
12) ***Théâtrale.*** Occuper le devant de la scène, dans les coulisses, aux premières loges. Les premiers rôles (protagonistes), les figurants, les stars, les divas, une erreur de casting.

Morasse

Rien à voir avec Charles Maurras et l'Action française... Première épreuve d'une page. Même aujourd'hui, où tout passe par l'ordinateur et l'imprimante, ce terme est resté très vivant.

Mouche (pattes de)

La saisie « au kilomètre » d'un texte à partir d'une copie* manuscrite peut donner des résultats imprévus : si l'original ressemble à une ordonnance médicale, il faut s'attendre à de réjouissantes dérives. La grande époque des clavistes (claviste avec un « e », avouons-le au risque de se faire griffer par de féministes consœurs) de photocomposition, pour certaines anciennes secrétaires dactylos reconverties, a produit quelques chefs-d'œuvre d'humour involontaire : par exemple, des « gués » de Vendée dans un contexte où il s'agissait de toute évidence de « guerres » ; un très surprenant : « Vue la Maine de Loire » qui, après recherche, se traduisit par : « Vive la Marine de Loire ! » Le principe de la saisie au kilomètre étant de produire le maximum de signes en un minimum de temps (certaines clavistes alignaient, sur six heures d'affilée, leurs 20 000 signes à l'heure, avec un résultat impeccable), la qualité de l'écriture de la copie originelle est essentielle pour une bonne restitution du message.

C'est également valable pour les corrections portées sur les épreuves : écrire lisiblement, en utilisant les signes* conventionnels, évitera les interprétations fâcheuses ou suspectes, voire incongrues.

Muet (texte)

On appelle ainsi le faux texte utilisé pour présenter des maquettes lorsque l'on ne dispose pas du texte réel. Très souvent, l'interlocuteur ou le client s'effare : « Mais, ce n'est pas mon texte, ça ! » On rassure, on explique. « Mais alors, ça veut dire quoi ; c'est du latin ? » demande le client, soulagé et intrigué. On précise : « Justement, ce *bolobolo* n'a aucune signification ; il sert à matérialiser les zones de texte lors de la création de la maquette. »

Un petit ouvrage, *Lorem ipsum, dolor...*, paru chez Deleatur, propose une « traduction » d'un de ces textes muets :

> *Lorem ipsum, dolor sit amet, consectetuer adipiscing elit, sed diam nonummy nibh euismod tincidunt ut laoreet dolore magna aliquam erat volutpat. [...] Duis autem vel eum iriure dolor*

> *in hendrerit in vulputate velit esse molestie consequat, vel illum dolore eu feugiat nulla facilisis at vero eros et accumsan et iusto odio dignissim qui blandit praesent luptatum zzril delenit augue duis dolore te feugait nulla facilisi.*
>
> « Le cuir, en soi, douleur et site de l'amour, s'acharne sur l'élite parvenue, mais le diamant, non humide, crée de rien la même mode, afin de tendre chez quiconque, jusqu'à la volupté, une immense douleur. [...] En outre, ou bien la douleur gémellaire se jette sur la prostituée au visage de renard pour la molester ; ou bien, vraiment, aucune facilité ne peut faire fuir l'amour le plus digne qui, s'étant couché dans ce juste odéon, flatte de la main le zzril et l'apaise par un présent biodégradable, fait croître en vous deux, mais difficilement, la douleur qui cherche à te fuir. »

Cette approximation, agrémentée d'une notice historique très documentée, dégage un vague parfum de sadomasochisme. Quant au *zzrill*, il s'agirait d'un petit lutin facétieux responsable des coquilles. *(Voir également : Sycope.)*

N

Néologismes involontaires

Ces quelques notices, complémentaires au *Grand Dictionnaire de la langue française,* s'intéressent aux néologismes involontaires produits par des erreurs de frappe ou des interprétations hâtives de copies.

A

ADMINISTARTEUR. – Haut fonctionnaire émule de Georges Le Gloupier[15].

ATOMATIQUE. – Fin programmée de la civilisation presse-boutons.

B

BRICOLORE. – Peintre amateur.

C

CYCLOUTOURISME. – Vieux randonneur sur son vieux vélo.

CHEMIN DE VER. – Chrysalide.

CYNÉTIQUE (ÉNERGIE). – Du bon usage des animaux domestiques.

CHAIRE À SAUCISSES. – Charcuterie universitaire.

CHAOSE. – Réification du néant.

E

ENTREPROSER. – Stocker des vers, pour M. Jourdain.

ÉCONOMIME. – Le concert des nations, quand on coupe le son.

ÉDULCOLORER. – Atténuer avec des couleurs vives.

H

HÉCLIOPTÈRE. – Le moteur de l'Histoire, quand elle décolle à la verticale.

HÉBÉBÉ (ÊTRE). – Retomber dans les stupeurs de la petite enfance.

I

INDISPENDABLES (JOUER DES TOURS). – Quand la nécessité se fait espiègle.

L

LEXISME. – Laxisme du vocabulaire ; réforme de l'orthographe par la paresse.

M

MAGNABILITÉ. – Mener son banquier par le bout du nez.

MÉLOPAUSE. – Période critique des musiciens.

O

ŒUPHÉMISME. – Faire l'omelette en prenant des gants.

P

PRÉPONSE. – Question superflue.

PROBABOIRE (TEST, EXAMEN). – Se pratique pour engager un garçon de café.

PUÉRIPATÉTICIENNE. – Baby-sitter au bois de Boulogne.

R

RESPECTACLE. – Saynète édifiante.

RARCONTER. – User de litotes.

REVONDU (Refondu et revendu en même temps). – Terme utilisé par les receleurs.

S

SUMERMARCHÉ. – Atteste de la haute antiquité des grandes surfaces.

T

TRAVAIN. – Agitation inutile.

Nourrisson (ne)

Dans une équipe de presse, nouveau venu pris en charge par un ancien. Verbe dérivé : « Être nourrissonné ». Fréquent : « Faut être convenable avec sa nourrissonne. »

O

Ode

Pour clore sa notice sur la coquille *, dans son *Grand Dictionnaire*, Pierre Larousse cite cette Ode, que l'on retrouve presque mot à mot dans le Boutmy.

À LA COQUILLE
Je vais chanter tous tes hauts faits,
Je veux dire tous tes forfaits,
Toi qu'à bon droit je qualifie
Fléau de la typographie.
S'agit-il d'un homme de *b*ien,
Tu m'en fais un homme de *r*ien ;
Fait-il quelque action in*s*igne,
Ta malice la rend in*d*igne,
Et, par toi, sa *c*apacité
Se transforme en *r*apacité.
Que sur un vaisseau quelque prince
Visite nos ports en province,
D'un brave et fameux a*mir*al
Tu fais un fameux a*nim*al,
Et son émotion *v*isible
Devient émotion *r*isible ;
Un savant maître fait des *c*ours,
Tu lui fais opérer des *t*ours ;
Il parle du divin *H*omère,
O sacrilège ! on lit *Com*mère ;
L'amphithéâtre et ses gr*a*dins
Ne sont plus que d'affreux gr*e*dins.
Le professeur cite Aristote,
Tu dis : le professeur radote ;
Puis, s'il allait s'é*v*anouir,

Tu le ferais s'é*p*anouir.
Léonidas aux Thermopyles
Montre-t-il un beau dévouement,
Horreur ! voilà que tu jubiles
En lui donnant le d... oiement. »

Œil

À ne pas confondre avec l'œil, ou relief, de la lettre, l'*œil typographique* est une disposition innée, ou supposée telle, en vertu de laquelle le correcteur voit (ou non) les coquilles. Tel correcteur, qui a usé ses fonds de culotte à l'Université, louperait un éléphant dans un couloir et une coquille grossière en caractères d'affiche ; tel autre, qui est entré bien jeune en apprentissage, a un œil de lynx. Cruauté particulière de l'existence : l'œil s'éduque, il ne s'acquiert pas ; en revanche, il peut se perdre...

Orthographe d'apparat

Par ici la bonne orthographe ! Même si les logiciels « corrigent », il restera toujours assez d'erreurs orthographiques pour nourrir un bataillon de correcteurs et leurs (nombreuses) familles.

Nous ne chercherons pas à faire l'éloge de l'orthographe ni à en devenir les Savonarole : obsolète, trop compliquée, aberrante, non réformée... Tout a été dit, et argumenté *(voir : Raiforhme de l'ortografe)*. Rappelons qu'une grande partie des erreurs orthographiques sont liées au mauvais usage de l'accent circonflexe et qu'une touche du clavier de votre ordinateur est occupée par une lettre accentuée utilisée dans un seul mot (à vous de la trouver !).

Une brochure, publiée le 29 palotin 104 (jour de la fête de l'Erratum) par une cocomission du Collège de 'Pataphysique, avec le concours du Centre de recherches périphériscopiques, mérite toute notre attention ; ce libelle suggère d'enrichir la langue française par un étonnant principe d'ornementation. Par exemple, « a » s'écrira *igt* (comme dans do***igt***) ; « é » sera noté *a* (comme dans b***a***by) ; « k » *x* (comme dans e***x***cellent), « r » *rrh* (comme dans logo***rrh***ée), « z » *lsh* (comme dans : genti***lsh***ommes), etc. La brochure s'intitule : *Brrhüsgë gd Ürrhghtücrrhigtph gd igtbigtrrhigt* (Projet d'orthographe d'apparat). *(Voir aussi : Folie.)*

Ours

❶ Au XIXe siècle, ouvrier imprimeur à proprement parler (par opposition au singe, le typographe). || ❷ Au XIXe siècle encore, conversation oiseuse (sens totalement oublié). || ❸ De nos jours, colonne où figure la liste des collaborateurs d'une publication périodique. « Entrer dans l'ours », être embauché (le sous-entendu obscène est fréquent). || ❹ Rien à voir, donc, avec les autres usages argotiques du mot, les uns vieillis, l'autre toujours en usage : *a*) salle de police (idée de tanière) ; *b*) « visser un ours » : glandouiller, bavarder ; *c*) « avoir ses ours », pour menstrues (idée d'humeur maussade).

P

Parabole du plombard

Lorsque les perceuses et les lave-linge tournent à plein régime, et que les canalisations donnent toute satisfaction, fournissant de l'H_2O dûment chlorée et évacuant les eaux usées, nul ne s'avise de l'existence de l'électricien ou du plombier, créatures de l'ombre. Pourtant, les fusibles sautent-ils avec régularité et les cabinets débordent-ils qu'on se souvient d'eux pour les maudire, les vilipender, les vouer aux gémonies. Ainsi en est-il des correcteurs, ignorés quand tout va bien ; la coquille ou le barbarisme viennent-ils à apparaître qu'on s'en prend à ces pelés, à ces galeux : haro sur le baudet !

Participe passé

Le vrai cauchemar ! Les Anglo-Saxons, s'ils ont de déplorables manies (la *jelly*, entre autres perversions alimentaires), ont au moins résolu ce problème en décrétant l'invariabilité de la chose.

Un écrivain demandait à un correcteur comment il devait accorder « enfilé » dans : « Les mousses qu'il s'était enfilé[...]. » Le correcteur lui répondit que tout dépendait du contexte : s'il s'agissait des bières que son héros épongeait sur le zinc, il devait écrire « enfilé***es*** ». S'il commençait l'histoire de la marine royale, le masculin pluriel se pouvait justifier.

Pâté ou pâte (tomber en)

Se dit, au premier sens, d'une forme[16] renversée sur le sol, aux caractères de plomb inextricablement mélangés ; par extension, s'applique à quelqu'un de mal fichu, malade, etc., bref hors d'état.

Petites annonces (PA)

Voilà une dizaine d'années, la parution d'offres d'emploi passées par un important distributeur d'électroménager « Cherche vendeur BLANC » et « Cherche vendeur BRUN » suscita l'ire d'associations antiracistes, qui portèrent plainte illico pour discrimination raciale à l'embauche, sans s'interroger le moins du monde, avant qu'on leur explique qu'en termes d'électroménager « blanc » désignait les gazinières, les réfrigérateurs, les grille-pain, bref ce qui relève du domaine de la cuisine, alors que « brun » s'appliquait aux téléviseurs, chaînes hi-fi, etc. Jargon de métier qui ne demande pas de longues explications. Les plaignants abandonnèrent leur action ou furent déboutés, on ne sait plus très bien.

La relecture des petites annonces réserve souvent bien des surprises. Voici quelques autres trouvailles insolites :

> « ***Femme de tête. Coiffeuse...*** » Dans une annonce matrimoniale : du shampooing à l'organisation de la maison, madame aura du savoir-faire !
>
> « ***Femme récemment divorcée, disponible... Retrouvez son mari à la rubrique gay.*** » Une seule annonce, deux cœurs à prendre !

« ***Célibataire 40 ans, employé d'administration, épouserait jeune fille ou jeune femme goûts simples, châssis long. Plateau ridelle.*** »[17]
« ***6 m² de dalles combles en chien pour allée et balcon.*** » Le *comblanchien*, calcaire utilisé dans le bâtiment, ne s'achète pas au rayon toutou des supermarchés !
« ***Uriner la nuit sans se lever grâce au bocal suédois.*** » « ***Pour mieux entendre, le "Baladur", appareil suédois de haute technicité.*** » Ces deux annonces, mises l'une sous l'autre, incitaient-elles les membres du gouvernement de l'époque (1989) à une meilleure écoute de la France d'en bas ?

Piéton

Dans la presse, travaille « en pied », c'est-à-dire en contrat à durée indéterminée. « Piétonner » quelqu'un, c'est l'embaucher.

Placards

Composition en placards, ou « au kilomètre », avant toute mise en pages. À ne pas confondre avec la mise au placard de quelqu'un, niaisement dénommée « placardisation » par le Petit Larousse, alors que l'usage quotidien, unanimement, exige « placardification ».

Plagiat

Dans de nombreux cas de plagiat, le faussaire démasqué accuse le typographe (ou le correcteur) d'avoir fait sauter les guillemets des citations au moment de la composition…

Mgr Gaillot publie en 1998 *La Dernière Tentation du diable*. L'ouvrage est rapidement soupçonné de plagier le livre de Paul Ariès, *Le Retour du diable*, publié quelques mois auparavant... lui-même accusé d'emprunts au livre de Jean-Bruno Renard, *Les Extraterrestres*, paru en 1988 ! Comme le rapporte avec talent Roland de Chaudenay[18], le nègre de Mgr Gaillot, Alain Dugrand, se défendit en déclarant que les guillemets des citations du livre d'Ariès ainsi que les références, présentes dans son travail, avaient disparu dans la version publiée...

Pour son florilège de coquilles, Eugène Boutmy a pompé l'essentiel de sa notice introductive et de son recueil dans le *Larousse du* XIXe *siècle*, larcin confessé à demi-mots : « Chacun, dit-on, a "le droit de prendre son bien où il le trouve", par conséquent de le reprendre ; c'est ce qui nous autorise à puiser dans le *Grand Dictionnaire universel du* XIXe *siècle*, cet immense répertoire ouvert si libéralement à tout venant, quelques-uns des détails préliminaires qui vont suivre. » En fait de « détails », la presque-totalité de la notice du Larousse se retrouve chez Boutmy, savamment découpée et entrelardée de propos de son cru.

Pléonasme

De même que la femme de ménage doit débusquer sous les meubles ces moutons qui sont la honte de la maîtresse de maison, de même le correcteur, « femme de ménage du texte », doit chasser sans pitié, outre solécismes et barbarismes, les pléonasmes, ces scories du langage qui l'alourdissent sans rien lui apporter.

On connaît les exemples classiques des dictionnaires, « descendre en bas », « hémorragie de sang » ou « dune de sable » (encore qu'il existe des dunes de galets...), et l'on admet ce qui relève d'un renforcement voulu, tel « vieux briscard ». Pourtant, le pléonasme croît dans l'esprit humain comme l'ivraie dans un champ de blé, et chaque jour apporte au correcteur sa moisson. Nous ne priverons pas le lecteur des plus subtils et succulents :

> Anachronique pour l'époque. | | L'archipel des îles. | | Un atavisme familial. | | Un bestiaire animal. | | Un boute-en-train festif. | | Un bric-à-brac hétéroclite. | | Des broutilles infimes. | | Un étroit cagibi. | | Crapahuter à la dure. | | Du déjà-vu sans surprise. | | Un druide celte. | | Embarquer à bord. | | Un jeune et bel éphèbe (double pléonasme). | | L'immigration étrangère. | | Une jonque asiatique. | | Une logorrhée verbale. | | Un parc arboré. | | Un prion pathogène. | | Une proportion en pourcentage. | | Un putsch militaire. | | Une régate de voiliers. | | Une petite saynète. | | La statue équestre de Pierre le Grand à cheval...

Ponctuation

Au Moyen Âge, l'abbé Martin fit inscrire au-dessus de l'entrée de son abbaye d'Asello : *PORTA, PASTENS ESTO. NULLI CLAUDARIS HONESTO* (« Porte, reste ouverte. Ne sois fermée pour aucun homme honnête »). Hélas ! le point fut gravé par erreur après *NULLI*, ce qui signifiait : « Porte, ne sois ouverte à personne.

Ferme-toi pour l'honnête homme. » Le scandale fut si grand que le pape, informé, priva Martin de son abbaye. Son successeur, après avoir corrigé la phrase, fit ajouter : *Pro solo puncto caruit Martinus Asello* (« Pour un seul point Martin perdit Asello »), ce qui devint, par confusion (*asellus* signifie : « petit âne ») : « Pour un point Martin perdit son âne. »

Parfois excessive, la virgule peut carrément être déplacée : « Le gendarme a, bien entendu, l'ordre de son chef. »

Le petit livre de Jean-Pierre Colignon (alors chef correcteur au journal *Le Monde*), *La Ponctuation, art et finesse*, est un remarquable aide-mémoire que complète, pour les curieux, l'ouvrage de Jacques Drillon, *Traité de la ponctuation française* (Gallimard), passionnante encyclopédie où chaque signe est présenté dans son contexte historique et où ses différentes utilisations sont analysées en détail.

Signalons enfin l'invention au XIXe siècle, par Alcanter de Brahm, d'un point d'ironie qui n'a pas trouvé place dans le panthéon des signes typographiques. Dommage, en ces temps d'enflure du Moi, il eût comblé un vide puncto-ontologique.

Professeur le Fourneau

Il y a quelques années circulait dans le XVIIIe arrondissement de Paris ce singulier papillon, malicieux pastiche de ceux que l'on distribue à la station Barbès-Rochechouart pour vanter les mérites des marabouts africains.

PROFESSEUR LE FOURNEAU

GRAND MAÎTRE DE LA TYPOGRAPHIE FRANÇAISE ET ÉTRANGÈRE, ANCIENNE ET MODERNE

Si tu es dans l'embarras, tu dis, et il fait ta mise en pages avec les beaux caractères. Il connaît tout : les Garamond, les Bodoni, les **Gill** et même les **FANTAISIE**. Il fait les livres, les revues et même les travaux de ville. Il connaît le plomb et l'ordinateur, il sait Gutenberg et l'imprimerie moderne et même les cédérom et le multimedia. Paiement après travaux. Travail garanti dans un délai fixe.

◆◆◆ PROFESSEUR LE FOURNEAU – CHRISTIAN LAUCOU ◆◆◆

◆◆◆◆ ✉ 21, rue de l'Évangile – 75018 Paris ✉ ◆◆◆◆

☎ Tél. : 01 42 09 03 27 / Fax : 01 40 37 49 21 ☎

Christian Laucou, alias Professeur le Fourneau, est une encyclopédie vivante (et agissante) de l'Art typographique. À l'enseigne du Fourneau et de Fornax, il publie des ouvrages remarquables par le choix des œuvres retenues et par la qualité et l'originalité de leur réalisation ; citons pour mémoire : *Coquelicot*, poème imprimé sur pétales de coquelicot, et *Fausse Monnaie*, un recueil de « fifrelins » imprimés sur... monnaie-du-pape ! *(Voir aussi : Sycope.)*

Proudhon (Pierre-Joseph)

Correcteur célèbre (1809-1865). Plus connu pour ses activités politiques, Proudhon fut à un moment de sa vie prote (chef d'atelier) dans une imprimerie de Besançon spécialisée dans les ouvrages religieux.

C'est à Proudhon que l'on doit ce beau slogan : « La propriété, c'est le vol. » Comme le précise le *Dictionnaire biographique du mouvement ouvrier français* de Jean Maitron (éd. de l'Atelier), « il corrigea les épreuves du livre de Fourier, *Le Nouveau Monde industriel et sociétaire*, non sans accabler l'auteur de ses railleries. [...] [Il emprunta] cependant beaucoup d'idées à Fourier ».

Q

Queue

Fin d'un texte ou d'une partie de texte, parfois suivie d'un filet, d'une vignette, etc. Comme l'écrit Frey sans rougir : « Lorsque [...] les queues sont nues [...], c'est preuve de goût et de prudence. »

R

Raiforhme de l'ortografe

Serpent de mer, la réforme de l'orthographe est au goût du jour depuis quarante ans. Dans les années 60, le rapport Beslais et, en 1976, l'arrêté Haby ont tenté d'introduire une plus grande souplesse dans la langue écrite : simplification de l'accord du participe passé et, pour les mots accentués, admission des usages (par exemple : *évènement* au lieu d'*événement*).

En 1990, le Conseil supérieur de la langue française a publié un rapport sur l'orthographe. Certaines propositions vont dans le sens de la simplification, mais la commission a éludé le problème du participe passé, véritable épine dans le pied de l'orthographe grammaticale.

Enterrée comme les autres, la réforme Jospin n'aura pu infléchir la rigidité d'une orthographe ossifiée. Voici un exercice amusant, genre dictée en français « rectifié 1990 ».

Un piquenique au Relai des Nénufars

L'*autostoppeur* avait déballé l'*ossobuco* derrière un *groseiller*. Joséphine éplucha les ognons. Tandis qu'elle grattait son *exéma* avec une fourchette aux dents *aigües*, les *garde-côtes* sortirent leur *révolver*, n'aimant pas les *millefeuilles douçâtres*. Lambert, lui, cueillait des *édelweiss* et du *cèleri* pour dresser un *exvoto* à une *covergirl*.

– Eh ! *boursoufflé*, l'apostropha sans *ambigüité* ni *prêchiprêcha* une *dentelière*, viens t'*assoir*

à ma *sénestre* : nous allons essorer la *serpillère* du *charriot* ; vite ! l'eau *ruissèle*.
Le *quincailler* prit le *relai* et servit à chacun sa *quotepart*. Madame *Allégro* plongea son nez délicat dans les *coroles* des *cigües*.
Le *globetrotteur* releva son *bluejean* pour traverser les *ouillères*.
Au café, une fois le sucre *dissout*, on *cèda* une tasse au *vanupied* et Madame *Allégro*, avec *bonhommie*, essaya sur lui ses *appâts* et lui lança des *confettis*. La *cahutte* trembla.
– Quel *boutentrain* ! *persiffla* Lambert.
– Ne dis pas d'*imbécilités* ! le réprimanda le *quincailler* : il est en plein *délirium trémens*.
Effectivement, il écrasait les *platebandes*, s'imaginant sans doute au *baseball*, *combattif* de la batte. Le temps *règlementaire* ne permit pas de connaître l'issue de cet *évènement*.
Les *croquemonsieurs* et les *chichekébabs*, en miettes, furent laissés aux *chauvesouris* en guise de *chaussetrappes*.[19]

Récriminations

Nombreuses dans le courrier envoyé par les lecteurs des périodiques (souvent des retraités ayant tout loisir de jouer les inspecteurs des travaux finis), parfois fondées, elles portent souvent sur l'évolution de la langue, par exemple sur les anglicismes* ou la féminisation, jugée excessive ou insuffisante, selon les cas, de nombre de noms d'emplois ou de fonction. Vous avez écrit « la députée » ? Scandale ! « La garde des Sceaux » ? Honte ! « Mme le directeur général » ? Épouvante ! Et de fustiger les « journalistes illettrés post-soixante-huitards » avant d'en venir à la chute de l'Empire romain...

Que d'encre coule en vain ! Pour conclure, le lecteur courroucé aime à vous rappeler l'existence d'organismes brumeux, de circulaires ministérielles où des cuistres légifèrent avec aplomb sur la façon dont nous devrions parler et écrire... Fi !

Il est piquant de constater que ces lettres, si elles relèvent parfois une véritable bourde imputable aux correcteurs (et en amont aux journalistes qui l'ont commise...), intentent souvent de mauvais procès. Celui qui n'a jamais entendu parler du Père Ubu flétrit l'usage de « pompe à phynances » ; on oublie qu'« aigle » est féminin en termes de blason ou d'enseignes militaires ; on s'en prend aux « constructions en abyme », et on vilipende ceux qui préfèrent pour une fois les *Instructions nautiques* au *Petit Larousse*, et l'Iroise à la mer d'Iroise...

Répétitions

La traque des répétitions voulues ou non par l'auteur tourne parfois à l'obsession, certains correcteurs remplaçant frénétiquement « aujourd'hui » par « de nos jours », « maintenant » ou « à présent », ou inversement ; « mais » par « cependant », « toutefois » ou « néanmoins », jusqu'à en avoir le tournis, ce qui est le meilleur moyen... d'introduire de nouvelles répétitions !

Rouge

Dans un cassetin*, couleur non pas de la joie et de la fête, comme dans la vieille Russie, ou du bonheur et du mariage, comme en Chine, mais de la censure : on corrige le plus souvent en rouge, même si l'emploi de toute autre couleur est aujourd'hui admis. C'est l'aspect pion, maintes fois dénoncé, des Pères et Mères la Virgule.

Rouleur

Se dit de quelqu'un qui travaille ici ou là selon les occasions. Non péjoratif au féminin.

S

Saint-Jean-Porte-Latine

Ou saint Jean de la Porte-Latine. Ce saint ne serait autre que saint Jean l'Évangéliste, martyrisé à Rome le 6 mai 85, devant la porte Latine[20]. Il semble avoir été choisi comme saint patron des imprimeurs et correcteurs, ainsi que des libraires et relieurs, à cause d'une iconographie qui le représente le plus souvent tenant un livre.

Jusqu'à la fin du second Empire on chanta le 6 mai, verre en main, dans les ateliers transformés en salles de banquets, les strophes de Charles Gilles :

C'est aujourd'hui Saint-Jean-Porte-Latine
Bien loin de nous noires humeurs
Contents du lot que le sort nous destine
Buvons, chantons, gais et francs imprimeurs

G. Dangon, cité par Daniel Auger.

Sarrasin

Désignant au départ un briseur de grève, ce terme s'appliquait récemment encore à ceux qui travaillaient en dehors des règles ayant cours dans la profession, s'abouchaient avec des patrons douteux, accaparaient le travail qui aurait dû revenir à un camarade, etc. Verbe dérivé : « sarrasiner ».

Sigles

Proliférants, envahissants, les sigles constituent un vocabulaire à part entière, chaque sphère de compétence ou de connivence produisant quotidiennement les siens. Si on se souvient peu de la PNL (programmation neurolinguistique), très à la mode il y a quelques années, on pratique quotidiennement les OGM (organismes génétiquement modifiés) et les TIC (technologies de l'information et de la communication), déchues depuis peu de leur N (nouvelles).

Cauchemar des correcteurs, les sigles alimentent la fabrique à capitales *, qui, comme le chiendent, repoussent plus vite qu'on ne les arrache.

Signes de correction

Les correcteurs utilisent, pour annoter leurs épreuves, des signes conventionnels en principe connus des maquettistes ; mais, depuis que la mise en pages est effectuée sur ordinateur, les maquettes sont confiées à des graphistes illettrés[21], qui, ignorant le plus souvent ces signes, pourtant faciles à apprendre, les interprètent à contresens ! *(Voir : Deleatur.)*

Sommeil

Dans la presse, le correcteur travaille souvent de nuit, ce qui peut avoir des répercussions sur sa vigilance. On raconte l'anecdote d'un collègue qui avait tendance à s'endormir vers 1 heure du matin, au point que les autres correcteurs le couchaient, tout assoupi, dans le bac servant à réceptionner les bandes perforées[22] usagées ! Et certains se souviennent d'un correcteur près de la retraite qui, après le déjeuner, dormait la panse dilatée et les yeux ouverts, son Bic rouge tremblant au-dessus des lignes.

Suiveur

Quelqu'un travaillant régulièrement dans une entreprise de presse sans toutefois être embauché.

Surcorrection

Bas les masques : beaucoup corrigent non pour le lecteur, entité lointaine, dont le rappel est au demeurant assez vulgaire, mais pour les autres correcteurs, rivalisant de purisme et d'interventions absconses aux yeux du commun des mortels, zigouillant la virgule ajoutée par le confrère et étalant une science connue d'eux seuls : « *La* Caraïbe, en coulisse, au singulier ! La charrue *devant* les bœufs, et non avant ! En *manches* de chemise, et non en bras ! Brut de *coffrage*, et non de décoffrage ! Repartir *de* zéro, et non à zéro ! C'est la règle ! » entend-on. Quelle règle ? Personne ne sait plus très bien.

Surpluriel

Sujet qui vrille l'âme (en admettant qu'il en possède une) du correcteur. « Touareg » étant le pluriel de « targui », peut-on mettre un « s » aux Touareg(s) ? Et les pasdaran, les taliban, les fedayin, ces gens qui sont déjà des pluriels, qu'en faire ? Quant aux spaghettis et autres confettis, ces mots de troisième ou de quatrième génération n'ont plus à justifier leur origine étrangère : ils ont droit au « s », comme tous les autres titis.

Sycope

En 1983, parut à l'enseigne de Deleatur un poème de Jacques Abeille, *Fable*, que Christian Laucou, alias « Professeur le Fourneau* », conçut et réalisa à cent exemplaires dans son atelier de typographie : imprimé sans encre, le texte se lit par la seule empreinte en creux du caractère. Cet ouvrage, aujourd'hui fort recherché des bibliophiles, fut à l'origine du *sycope*, petite aventure typographique à plusieurs épisodes : un *n* demeura malencontreusement dans la casse au moment de la composition du mot *syncope* ; l'erreur signalée, l'édition proposée au public fut corrigée et Christian Laucou reçut pour son réconfort une petite fable à la manière de La Fontaine, écrite en argot typographique :

Le Chat et le Sycope

Un chat typographe de classe
Dit un jour au sycope du prote :
Mon pauvre hareng ! Quelle casse !
Pour un N en moins tu fricotes,

Pour un mastic tu gourgousses !
Pire qu'un mulet traquant le bourdon,
Te voilà pallassant ton hanneton !
Le sycope taque et glousse :
Greffier, à quoi bon cette attrapance ?
Mon frère, je ne suis pas sans défense !
Retourne lever tes petits clous,
Tu me canules pire qu'un loup !
Voici du naïf l'aimable fille
Qui vient me chasser la coquille.
Moralité :
N en moins et dot en plus
Pour le fin connaisseur des us. [23]

À cet amical envoi, Christian Laucou répondit par une ravissante plaquette, *de sycope*, à la couverture taillée dans le feuillet retranché de l'édition de *Fable*. En exergue, un extrait d'un improbable *Dictionnaire encyclopédique Abeille*, éd. 1983, t. 6, p. 652 : « **Sycope**. n. m. (du grec *sugkopê*, de *sugkoptein*, « raccourcir ») – Moment d'évanouissement des typographes symbolisé dans les ateliers par un petit animal farceur et mythique [...]. Métaplasme scriptural par suppression involontaire, créateur parfois de néologismes authentifiés par l'usage. » La couture en fil se termine en signet... orné d'une perle !

Syndicat

Fondé en 1882, le syndicat des correcteurs, franc-tireur au sein de la CGT et dont le rôle principal est celui d'un bureau de placement dans la presse quotidienne parisienne, a survécu jusqu'à aujourd'hui en dépit de guerres picrocholines entre factions gauchistes.

Synecdoque

N'est pas plus un gros mot que catachrèse*. Figure de style qui consiste à prendre la partie pour le tout (une voile : un navire) ou l'inverse, rare (porter du castor : un chapeau en poil de castor).

T

Teneur de copie

À l'heure où les effectifs étaient nombreux, le teneur de copie « chantait » la copie au correcteur en première, qui vérifiait en même temps son épreuve. Certains se souviennent d'un très vieux correcteur, incontinent, quasi sénile mais encore en activité au cours des années 1980, qui avait été teneur de copie, enfant, au *Journal officiel* avant la guerre de 14.

Pour les encarts publicitaires comportant des listes de prix ou de véhicules d'occasion, il est fréquent de relire à deux, chacun faisant à tour de rôle office de teneur de copie.

Terminologie

La suprématie du sabir anglo-saxon dans le monde informatique a eu des répercussions curieuses sur les termes de métier.

La première fois que sont apparus, dans les logiciels de mise en pages, les mots « portrait » et « paysage », bien des typos se sont arraché les cheveux avant de comprendre qu'il s'agissait des équivalents anglo-saxons de nos traditionnelles orientations de page : « à la française » et « à l'italienne ».

Que penser d'un caractère devenu « standard » ou « normal », alors qu'il s'appelle traditionnellement « romain » en référence au caractère dessiné d'après l'écriture humanistique, en 1465, au monastère de Subiaco, près de Rome ?

En revanche, les « veuves » et les « orphelines » ont quelque peu humanisé nos franchouillardes « lignes creuses » (la première ligne d'un paragraphe en bas de page ou la dernière ligne en haut de page), même si la suppression d'icelles peut prendre, hors contexte, une coloration de plan social par trop radical !

Texto

Nouveau mode d'expression, le Texto et ses variantes Internet se répandent par les tuyaux de la Toile et sur les ondes éthérées des SMS, raccordant les minimalistes du langage. Voici quelques extraits d'un *chat* entre deux copains :

TS_Moi : ti1 ki voilà ! ça fesait longtps
**NT*Sv1 : c net. Hey tu sè koi ?*
TS_Moi : nan
**NT*Sv1 : mon fichier fè 1.37Go et pui Ya pa de son fè chiez koi...*
TS_Moi : lol [lot of laugh]
**NT*Sv1 : je dl neodivx*
TS_Moi : po mal
**NT*Sv1 : ça gèr*
TS_Moi : net
**NT*Sv1 : lol :) atta*

TS_Moi : koa chui po pati
**NT*Sv1 : na mè chuis censé bosser et g cru ke ma reum elle débarkai...*
TS_Moi : stress po poule
**NT*Sv1 : bon, bah fo ke je restart à tte*
TS_Moi : @ +

Traduction
[Olivier] Tiens ! qui voilà ! Ça faisait longtemps
[Sylvain] C'est vrai. Hé, tu sais quoi ?
Non
Mon fichier fait 1,37 Go. Et il n'y a pas de son. Fait chier, quoi !
Mdr [Mort de rire.]
Je télécharge Néodivx
Pas mal
C'est bien
C'est clair
Je rigole [sourire]. Attends !
Qu'y a-t-il ? Je ne suis pas parti
Non, mais je suis censé travailler et j'ai cru que ma mère arrivait dans ma chambre
Reste calme, mon ami
Eh bien, il faut que je redémarre mon ordinateur. À plus tard.
À plus [Salut !]

En attendant le roman novo texto, voilà toujours une petite initiation pour parents dépassés ! Quant aux correcteurs confrontés au Texto, il leur faudra sûrement une séance de rattrapage.

Titraille

Rebaptisée *editing* en franglais, désigne tout ce qui n'est pas le texte à proprement parler, c'est-à-dire le titre, le titre courant, le surtitre ou sous-titre, le chapô *, le folio, la légende, le crédit photo. Comme les pieds dans l'ancien manuel du fantassin, la titraille est « l'objet des soins les plus constants » : évidemment, une coquille * oubliée en Une occasionnera quelques difficultés au cassetin *... Crier « Titraille ! » avec ostentation en brandissant ses morasses *.

Traduction en ligne

Sur Internet, plusieurs sites proposent des traductions en ligne : il suffit de saisir le texte dans la fenêtre adéquate, de choisir la langue de départ et celle d'arrivée, de cliquer sur : « Traduire » et de recopier le résultat dans un logiciel de traitement de texte.

Pour en tester la fiabilité, nous avons utilisé comme cobaye le fameux *Sonnet* d'Arvers. De Félix Arvers (1806-1850) l'histoire littéraire n'a retenu que ce sonnet « imité de l'italien », peut-être écrit à l'intention de la fille de Charles Nodier. En 1883, une revue italienne publia un poème « ancien » dont le *Sonnet* d'Arvers aurait été la traduction. En fait, il s'agissait d'une supercherie due à un astucieux abbé transalpin, ayant traduit le sonnet d'Arvers dans sa langue.

Selon Roland de Chaudenay, « Félix Arvers peut dormir tranquille : on n'a pas encore trouvé ce qu'il aurait pu plagier. Mais il aurait de bonnes raisons de gigoter dans sa tombe s'il prenait connaissance des centaines de pastiches inspirés par son sonnet [24] ».

Tant de fois imité et si souvent trahi, le fameux *Sonnet* supportera-t-il cette version italienne plus « tendance » que celle de l'ecclésiastique préberlusconien ?

Méthode : une première traduction du français vers l'anglais (le site choisi [25] ne proposant pas de traduction directe vers l'italien), puis une autre de l'anglais vers l'italien pour un retour au français après un nouveau passage par l'anglais.

Il a été nécessaire de débarrasser le *Sonnet* de ces accents superflus et autres signes diacritiques qu'utilisent les langues non anglo-saxonnes (â, é, è, ç...), sinon le moteur de traduction calait sur chaque mot accentué.

Sonnet originel désaccentué

Mon ame a son secret, ma vie a son mystere :
Un amour eternel en un moment concu :
Le mal est sans espoir, aussi j'ai du le taire,
Et celle qui l'a fait n'en a jamais rien su.

Helas ! j'aurai passe pres d'elle inapercu,
Toujours a ses cotes, et pourtant solitaire,
Et j'aurai jusqu'au bout fait mon temps sur la terre,
N'osant rien demander et n'ayant rien recu.

Pour elle, quoique Dieu l'ait faite douce et tendre,
Elle ira son chemin, distraite, et sans entendre
Ce murmure d'amour eleve sur ses pas ;

A l'austere devoir pieusement fidele,
Elle dira, lisant ces vers tout remplis d'elle :
« Quelle est donc cette femme ? » et ne
comprendra pas.

Première étape : du français vers l'anglais (extraits)

My heart has its secrecy, my life has its
mystery:
A love eternal in one moment concu:
[...]
Alas! I will have master key close to it
inapercu,
Toujours has his dimensions, and yet recluse,
[...]
This murmur of love eleve on its steps;
[...]
She will say, reading these worms very filled
with her:
«Which is thus this woman?» and will not
include/understand.

Deuxième étape : de l'anglais vers l'italien

Il mio cuore ha relativa segretezza, la miavita
ha relativo mistero:
Un amore eternal in un concu di momento:
La malvagit? ? senza speranza, anche devo
celarlo
E quella di cui lo ha fatto mai ha conosciuto
qualche cosa.

Alas! Gli avr? chiave della m/c inapercu,
Toujours ha le sue dimensioni, ma recluse
Ed avr? fino a che l'estremit? non faccia il mio
tempo sulla terra,
Non daring qualche cosa chiedere e ricevendo
qualche cosa.

Per esso, bench? il dio lo faccia morbidezza
ed offerta,
Andr? il relativi senso, disattenti e senza sentire
Questo murmur del eleve di amore sui relativi
punti;

Con il austere per avere piously fedele,
Dir?, leggendo queste viti senza fine molto
riempite di lei:
«Che ? cos? questa donna?» e non include/
understand.

Troisième étape : de l'italien vers l'anglais (extraits)

My heart has relative segretezza, my life has
relative mystery:
[...]
The malvagit? without hope, also I must hide it
And that one of which it has never made
it has known qualche.cosa.
Alas! The avr? key of the m/c inapercu,
[...]
Daring qualche.cosa not to ask and receiving
qualche.cosa.
For it, bench? the God the face morbidezza
and offer,
Andr? relati to you the sense, disattenti and
without to feel
[...]
«That? cos? this woman?» and not include/
understand.

Dernière étape : de l'anglais vers le français (avec réinsertion des accents)

Mon cœur a le segretezza relatif, ma vie a le
mystère relatif :
Un amour éternel dans un conçu du moment :
Le malvagit sans espoir, également je dois
le cacher
Et cet un dont il ne l'a jamais fait a su
qualche cosa.
Alas ! L'AVR la clef de l'inaperçu de m/c,
Toujours a ses dimensions, mais recul et AVR

Jusqu'à cela l'estremit ne faites pas mon
heure sur la terre,
Qualche cosa audacieux de ne pas demander
et en recevant qualche cosa.

Pour lui, banc Dieu le morbidezza de visage
et l'offre,
Andr le relati vous le sens, disattenti et sentir
en dehors
Ce murmur de l'élève de l'amour sur le relati
vous se dirige ;

Avec austère fidèle pour avoir avec pit,
par exemple,
La lecture que ces vies sans amende se sont
beaucoup remplie d'elle :
« Cela cos cette femme ? » et pas
include/understand.

On notera cette intéressante figure poétique : *« La lecture que ces vies sans amende se sont beaucoup remplie[s] d'elle. »* Quant au *malvagit*, est-ce une référence au douloureux apprentissage du langage par les tout-petits ? *« Et cet un dont il ne l'a jamais fait a su [quelque chose] »*, s'agit-il d'un rival, ou de l'intervention d'un deus ex machina ?

Transcriptions

Éternelle pomme de discorde. Écrira-t-on Abd al-Rahman (transcription standard en français), Abdurrahman (phonétique), Abdouramane (francisé), voire, à la pakistanaise, Abdool Rahman ? Quid du russe, du chinois, du coréen, du kurde, du swahili, du quechua, de l'algonquin ? Et ne parlons pas des « bitoniaux » ornant moult lettres tchèques, roumaines, etc. Les correcteurs trouveront là matière à interminables chamailleries.

Typographie

Étymologiquement : « Écrire avec des coups. » Cette manière de boxer les feuilles de papier s'est répandue en Occident au XVe siècle.

Le mot « typographie » concerne à la fois le procédé mis au point par Gutenberg[26] vers 1440 à Mayence (impression à l'aide de caractères mobiles en métal) et le caractère imprimé sur le papier ou affiché à l'écran d'ordinateur. Lorsque l'on parle aujourd'hui d'une belle « typo », il ne s'agit plus, à de très rares exceptions près, de la qualité d'impression d'un ouvrage réalisé en typographie, mais de l'esthétique d'une composition informatique. Dans son ouvrage *Livre et typographie* (éditions Allia), Jan Tschichold, un des grands créateurs graphiques du XXe siècle, précise : « Une typographie parfaite est certainement le plus aride de tous les arts. [...] Pour la plupart des gens, une typographie parfaite n'offre pas d'attraits esthétiques particuliers [...]. La conscience de servir anonymement et sans attendre de reconnaissance particulière, des œuvres de valeur et un petit nombre d'hommes optiquement réceptifs, est en général la seule récompense que reçoit le typographe pour son long apprentissage jamais achevé. » À méditer à l'heure où certains infographistes conjuguent surabondance d'effets et souci d'illisibilité.

U

Unification

Unifier, c'est avoir soin d'appliquer les règles typographiques et la « marche* maison » à l'ensemble d'un texte. Par exemple, dans des notules, écrire toujours dans le même ordre : nom, adresse, commune, département, numéro de téléphone, jours et heures d'ouverture... Utiliser les mêmes abréviations, règles de coupe des mots, présentation des titres d'œuvres, des noms de navires ou d'aéronefs, des raisons sociales de sociétés, etc.

Usuels

Compléments indispensables des dictionnaires* de langue, les usuels sont des ouvrages de référence qui traitent des aspects historiques de la langue (dictionnaire historique), de problèmes d'usage (dictionnaire des difficultés, précis grammatical...), d'étymologie (dictionnaire étymologique), etc. Comment choisir ? D'abord, les indispensables, toujours à portée de main :

– un mémento orthographique : léger, peu encombrant, facile à manier, on s'y plonge dès que le moindre doute effleure la conscience sur l'orthographe de *susurrer*, de *vinyle*, de *tatillon*... ;

– un dictionnaire des difficultés : par exemple, le *Dictionnaire des difficultés de la langue française*, d'Adolphe V. Thomas (Larousse), en son temps chef correcteur chez le même éditeur, et souvent surnommé l'« Adolphe Cinq » ; daté, mais maniable ;

– un usuel de conjugaison : indispensable pour vérifier si « voleter » s'écrit « volète » ou « volette »[27] à la troisième personne du singulier de l'indicatif présent ; ne jamais se séparer de son *Bescherelle*, même sur la plage quand on hèle les playmates à l'heure où le soleil point et qu'il fait bon gésir sur le sable.

Pour les gourmands, *Le Bon Usage* de Maurice Grevisse, ouvrage immensément érudit autant que tolérant, est un régal, mais il vaut mieux ne pas avoir un rôti sur le feu.

Très recommandable également, la collection « Le Souffle des mots » (Larousse) : dans *La Surprise*, *L'Obsolète* ou *La Nuance*, Alain Duchesne et Thierry Leguay invitent à découvrir une langue vivante, subtile, merveilleuse. Par ces temps de froidure morale, vous saurez tout de la différence entre lascivité, lubricité, luxure et impudicité en lisant *La Nuance*, page 210.

On se délectera également du *Dictionnaire du français non conventionnel* de Jacques Cellard et Alain Rey (Hachette), qui abordent le parler populaire et argotique avec érudition. On y découvre que le *morpion* peut être un « individu particulièrement acharné à nuire et tenace dans son parasitisme » et que le *tire-bouton*, accessoire d'habillement féminin en vogue jusqu'au milieu du XXe siècle, désignait également une homosexuelle.

Signalons enfin les ouvrages de Jean-Pierre Colignon, tous excellents.

V

Vérifications

Le niveau de vérification de l'information est une des plus grandes causes de bisbilles dans une équipe de presse périodique.

On *doit* vérifier que X. est bien conseiller général du canton de Y., que telle commune se trouve bien dans tel département, etc. Surfaces des États, production industrielle, niveau des échanges, titres et dates des films. Celui-ci a-t-il un accent sur son « e » ? Et cette célèbre Josiane, n'est-elle pas plutôt Josyane, voire Josy-Anne ? Au pis, mettant en péril son équilibre psychique, on sera censé vérifier que le chien de telle star s'appelle Billy et non Bobby !

Quant au correcteur d'édition aux prises avec des auteurs pressés, il aura soin de prendre garde que le Charles-Alfred Perez de la page 5 ne devienne pas Charles-Albert Pérès en page 42, voire Alfred-Charles Gomez à la page 67, et cela *ad nauseam*…

Viande froide

Cette expression digne de Rungis désigne les nécrologies, rédigées à l'avance, de personnalités dont on suppose qu'elles vont bientôt quitter cette vallée de larmes. Ex. : « Où est donc passée la viande froide du pape, nom de Dieu ? »

Vignettes

Orgueil de la typographie des siècles précédents, elles sont hélas en voie de disparition, et de toute façon le correcteur n'a jamais trop eu son mot à dire en ce domaine. On peut le regretter, car, en notre ère où l'expression se doit d'être concise, certains pourraient préférer, à un message Texto*, ☎  pour le fameux : « On se téléphone et on se fait une bouffe », voire, pour les « et plus si affinité » ☎ , « On se téléphone et on se prend une douche »…

Visuel

Ce domaine relève en principe du maquettiste, de l'iconographe, du chef de studio, du directeur artistique, mais rien n'interdit au correcteur de relever une incongruité visuelle, par exemple, en quatrième de couverture du *Petit Larousse illustré* 1999, le voisinage, en pleine affaire Lewinsky, d'un Bill Clinton au brushing impétueux et d'une énorme aubergine violacée…

Moins drôle, dans un hebdo, à la fin des années 1980, « Auschwitz, le devoir de mémoire » en page de gauche, et en page de droite une publicité « Avec Lufthansa vous y seriez déjà ».

Vocation

Au XIXe siècle, le statut du correcteur s'est considérablement dégradé par rapport à l'âge d'or (ou supposé tel) des débuts de l'imprimerie. Les virgulards sont alors assez fréquemment des prêtres défroqués, catégorie qui présentait le double avantage, du point de vue patronal, de savoir le latin, parfois un peu de grec ou d'hébreu, et de ne pas être en mesure d'exiger un salaire élevé. C'est l'époque où, comble de misère, ils sont fréquemment logés dans des sous-sols.

Revenons à Boutmy :

« Et pourtant, qu'est-ce que le correcteur ? D'ordinaire un déclassé, un transfuge de l'Université ou du séminaire, une épave de la littérature ou du journalisme. »

Autre son de cloche, plus positif, qui nous vient cette fois du *Manuel du typographe* d'A. Frey (1857) :

« On examinera donc ici [...] ce qui constitue un bon correcteur. Trois choses sont tout à fait indispensables : 1° la connaissance approfondie de la langue française, l'étude de la langue latine, une teinture de la langue grecque, de la géographie, de l'histoire, des mathématiques ; 2° la connaissance pratique de la partie de l'imprimerie nommée composition ; 3° un grand sens, une saine logique. Demander à un correcteur l'universalité des sciences et des arts, serait une absurdité [...]. Le correcteur doué des rares et précieuses qualités qui constituent son aptitude typographique, est déjà un homme suffisamment distingué ; s'il y ajoute un travail et une conduite analogues, la conséquence toute naturelle est qu'il commande le respect, les égards personnels [...]. Une localité bien éclairée, isolée du bruit et des distractions, et pourvue d'une petite bibliothèque scientifique, lui serait nécessaire. »

Aujourd'hui encore, personne ou presque n'est correcteur de son premier métier.

Les anciens typographes et les anciens enseignants formaient il y a peu le gros des troupes, mais on a connu d'anciens violoncelliste d'orchestre, trompettiste de jazz, inspecteur des impôts, conseillère financière, ouvrier fourreur, et un poète qui se vantait d'avoir été l'officier le plus sanctionné de la Royale !

Mais il y a eu bien pis *(voir : Légion étrangère)*.

Z

Zeugma

Parce qu'il faut savoir terminer un livre, le zeugma fera l'affaire : il s'agit d'une figure de style toujours risquée consistant à faire l'économie de la répétition d'un membre de phrase lorsque l'esprit du lecteur, toujours vif, peut le rétablir aisément. Le résultat peut parfois surprendre : « Il est aussi redoutable dans la pêche aux informations que pour celle à la ligne. » Dans cette collection, le titre de l'ouvrage de Maryz Courberand publié aux éditions Mots et Cie est un remarquable zeugma : *Il baissa sa culotte et dans mon estime.*

Petit florilège de bêtises et coquilles

Appellation sans doute d'origine incontrôlée

« La cave coopérative buvait le bouillon. »

« *Ballet* » *brosse*

Sert à étriller les petits rats de l'Opéra et à chasser la poussière dans les coulisses. À noter, également, à l'heure de pointe dans les brasseries, le « *balai* enjoué des serveurs ».

Bande de Gaza

« Toi, tu prends l'avion et tu me fais un papier sur la bande de Gaza. Et si tu ne trouves pas Gaza, tu me trouves au moins quelqu'un de sa bande. » (Attribué au rédac' chef d'un grand quotidien national, lors de la guerre des Six-Jours, en juin 1967.)

« *Cadeau de voleur* »

Dans une publicité expédiée par La Poste, l'entreprise de vente par correspondance avait titré en couleurs : « Répondez vite pour recevoir un cadeau de voleur. » À une voyelle près, le client est prévenu !

Camps de « concertation »

Pour : « concentration ». Apparus en France à la fin de la guerre d'Espagne pour dialoguer avec les républicains fuyant le franquisme, ces camps ont connu des fortunes diverses au cours de l'histoire. Il semblerait que le gouvernement actuel souhaite transformer les collèges en vastes camps de concertation, équipés en vidéo-surveillance.

« 55 cas de décès mortels »

Une véritable épidémie avait frappé cette année-là une ville de province : jusqu'alors, seuls des décès véniels y étaient entendus en confession. Variante : « Terrible accident de la route : trois morts, dont deux grièvement. »

Cloaca maxima

« Matière fécale » pour « matière fiscale » : ce glissement vers la fosse d'aisances des revenus de l'État était, pour un confrère aujourd'hui défunt, la plus belle coquille de sa carrière. Freud en sourirait d'aise dans sa barbe.

Code « d'expiration d'utilité publique »

Moins connu que le Code Napoléon ou celui de la route, ce code légifère les fins de vie, au mieux des intérêts des parties en présence (l'État, les héritiers, la personne concernée...). Il s'agissait bien évidemment d'expropriation.

Couper les « organes » en rondelles

Dans cette recette de confitures, il ne s'agissait, que les messieurs se rassurent, que d'oranges.

Curiosité anatomique

« Ils étaient ses bras droits. » Encore heureux qu'ils ne se lèvent pas du pied gauche !

« *De là, s'achemina assez vite d'une jambe mais moult lentement de l'autre...* »

Extrait d'un ouvrage de Jean-Claude Gorjy, *Lidorie, ancienne chronique allusive*, 1790. La citation se poursuit : « ... son corps grêle recherchant à chaque pas, au moyen d'un grand balancement l'équilibre qu'avoit perdu au pas d'auparavant, et sa grosse tête se rejettant vite du côté opposé, sans quoi auroit, en suivant le mouvement du corps emporté tout le reste... »

« *Deux gendarmes, Ventru et Sanguin, se promenaient placidement à travers la foule* »

Voilà où mène un usage immodéré de la majuscule ! Il s'agissait bien sûr de gendarmes *ventrus* et *sanguins*. (Boutmy.)

Ébénisterie gouvernementale

« Lui qui était de l'arbre dont on fait les ministres. »

Emploi à temps partiel dans une société de « sévices »

Cuir et menottes ou dactylographie ? Il s'agissait en fait d'une société de *services* recherchant un collaborateur (ou une collaboratrice) à mi-temps. Dans le même ordre d'idée, on rencontre : « L'entreprise propose ses sévices à la carte » ; « Les sévices gratuits sur Internet »...

En avant la musique !

Ne pas attribuer (ça s'est vu) au Beethoven de l'*Hymne à la joie* l'« hymne à l'amour » de Piaf dans *Les Amants d'un jour* : « Moi j'essuie les verres / Au fond du café / J'ai bien trop à faire / Pour pouvoir rêver. »

« Ensevelis sous un tas de tables »

Encore un titre sur plusieurs colonnes : ce tragique fait divers ne s'est pas déroulé chez Conforama, mais sur un chantier, et les malheureux ouvriers furent ensevelis sous un tas de *sable*.

Enterré en grandes pompes

« En grandes pompes », au pluriel, est une erreur très courante, et signifierait donc chaussé de grands croquenots et non avec faste.

Exécution conjugale

« Un contrat à durée déterminée est conclu avec un salarié pour remplacer l'époux malade et exécuté jusqu'à son terme. » Une façon de résoudre les différends conjugaux tout en favorisant l'emploi.

Expulsion radicale

« Après cette tragédie [...], le gouvernement de Riad fit *exploser*, par avions entiers, des dizaines de milliers de travailleurs immigrés chiites. » (*Le Matin*, 3 août 1987.) Il s'agissait d'*expulsion*, non d'*explosion*.

Ferry-boat culturel

« Remettre l'Opéra sur les rails au moment où celui-ci était en train de sombrer. »

File d'attente

« Faire la queue au tire-fesses » (et non l'inverse !).

Fin de vie difficile

« On a découvert des *incurables* entassés dans un grenier », annonçait un quotidien. Renseignements pris, il s'agissait de rarissimes *incunables* dont l'état, satisfaisant, n'inspire plus d'inquiétude.

« Finalement, les Romains eurent la Gaule »

La phrase peut prêter à sourire. Enfin, tant que l'on n'oublie pas de mettre la capitale où il faut.

« Guillotinez les aliénés ! »

Revendication radicale due à la bourde d'un typographe étourdi (l'auteur avait indiqué en marge : « Guillemetez les alinéas »). (Boutmy.)

Irritant

« Il n'y a pas que les *imbéciles* qui soient irritables », s'était exclamé Jacques Chancel dans *L'Aurore*, en 1971... Il fallait lire : indécis.

« L'an passé, nous étions au bord du gouffre ; cette année, nous avons fait un grand pas en avant ! »

Attribuée à des hommes politiques de différents pays, cette remarquable sentence a mis en valeur, à plusieurs reprises, l'efficacité de plans quinquennaux et autres mesures de redressement de l'économie.

« L'autopsie confirme le décès »

Cinq colonnes pour ce titre accompagnant un article sur un horrible fait divers. Pour l'instant, les annales judiciaires ne recensent aucun cas de survie à une autopsie.

« Le député a mené la mariée à l'hôtel »

Le droit de cuissage serait-il en vigueur dans la France d'en haut ? Ce titre, étalé sur deux colonnes dans un quotidien régional, est dû à la confusion, assez fréquente à vrai dire, entre « autel » et « hôtel ».

« Le jouirnaliste a interviewé la cantatrice »

Torride entrevue, au cours de laquelle le reporter n'a pu s'empêcher de manifester tout le plaisir que lui procurait cette rencontre exceptionnelle.

« Les fourches claudines du fisc »

Au lieu de « caudines ». Les armées romaines auraient-elles préféré ces fourches tressées de bigoudis à celles des Samnites ?

« *Les muets exquis* »

Relevé par De Rien[28] dans l'édition Lattès (1979) du *Satiricon* de Pétrone, cette belle coquille, page 64 : « Ce fut alors avec un rire de satisfaction que nous attaquâmes ces *muets* exquis. » Le festin de Trimalchion, version cannibale !

« *Les paysans prennent soin de leurs lapins de garenne* »

Intéressante dérive. Le claviste avait tapé : « Les paysans prennent soin de leurs *lapins* de terre » (au lieu de *lopins*). Le correcteur s'exclama : « *Lapins de terre* est incorrect. Il faut écrire *lapins de garenne*. » D'où cet ahurissant résultat !

« *Les rennes du pouvoir* »

Fréquente en période de Noël, cette confusion entre *rênes* et *rennes* réjouira tous ceux qui souhaitent la candidature du père Noël à la prochaine élection présidentielle.

Maroquin

Peau de chèvre utilisée en maroquinerie et en reliure, le maroquin désigne également, au sens figuré, le portefeuille ministériel, objet de nombreuses convoitises. Lors des remaniements de gouvernement, il n'est pas rare de lire dans la presse : « Monsieur Untel a fini par obtenir son *Marocain.* » De telles dérives eussent naguère coûté son poste au correcteur distrait !

« *Mon complice au soleil* »

Titre en corps 96 dans une revue féminine de la fin des années 1980. L'ingénue demoiselle, dont la photo s'étale sur deux pages, précise : « Il m'est interdit d'être trop tannée. »

Organes de l'indignation

En 1978, lors de l'intervention française au Tchad, un article de Patrick Waisman paru dans *Le Figaro* fut victime d'une malencontreuse erreur de transmission : « L'intervention [...] ne parvient pas à faire lever en moi les *organes* de l'indignation morale »... Il fallait lire : orages.

Orgies cultuelles

En 1997, un correcteur relevait cette intéressante liturgie dans un bulletin catholique : « Grand-messe avec *orgies*. » Les lecteurs n'en surent rien car, dans la version imprimée, les spirituelles *orgues* avaient retrouvé leur place légitime grâce à sa vigilance.

Pastille vénéneuse

En 1990, 180 000 exemplaires du *Petit Larousse* furent retirés de la vente à la suite d'une inversion de couleurs sur la planche des champignons : les pastilles accompagnant les mortelles amanites phalloïde et vireuse les classaient parmi les « indifférents ». L'opération coûta 30 millions de francs à l'éditeur, dont il faut ici saluer le sérieux : il aurait pu se contenter de glisser un erratum, mais la page fautive fut découpée et remplacée sur tous les volumes en circulation.

Pêcheurs de poules

Phénomène observable sur la côte atlantique lors des grandes marées (qui balaient les élevages hors sol de la Bretagne intérieure), la pêche à la *poule* se pratique sur les côtes rocheuses bien abritées. Le moment le plus délicat consiste, une fois que l'on a mis la main sur la poule, à lui ouvrir le bec pour y chercher des perles… (Il s'agissait bien sûr, dans ce reportage sur les métiers de la mer, de pêcheurs de *moules*.)

Pointilleuse météo

Au cours d'un bulletin télévisuel, le présentateur annonça avec le plus grand sérieux que 99 flocons de neige étaient tombés sur la région parisienne. Si les prévisions météorologiques d'aujourd'hui ne sont guère plus fiables que celles des grenouilles en bocaux d'Albert Simon, les performances statistiques des spécialistes sont littéralement stupéfiantes. En fait, sur le « prompteur » qui guide le présentateur dans son texte était écrit « quelques » en abrégé : *qq*.

« *Quand il eut accouché de cette gestation [une statue], il en fit don à la ville* »

Fin difficile pour gestation artistique. Il eût été plus attrayant d'écrire : « Quand, de son ciseau sublime, il eut achevé sa statue, il en fit don à sa ville. »

Rapprochement franco-anglais

Le 21 janvier 1986 paraissait dans le journal bruxellois *La Dernière Heure* un article consacré au lancement du tunnel sous la Manche, destiné à rapprocher les manant(e)s de la Thatcher et les citoyen(ne)s de la gauche plurielle. L'article conclut : « Après avoir annoncé la grande nouvelle, Mme Thatcher et M. Mitterrand ont *triqué* au son des cornemuses. » On savait feu le président amateur de dames mais, là, seul un *n* avait glissé : vengeance d'un typographe ayant des comptes à régler avec la République française, en ce jour anniversaire de la décollation du citoyen Capet le Seizième ?

Requiescat in pace !

« Un avis mortuaire devait être inséré dans un journal et sur une surface bien définie. L'avis se terminait par ces mots : “Repose en paix. Au revoir”. Se ravisant, la famille téléphona au journal pour demander que l'on ajoute “au ciel” s'il y avait de la place dans la ligne, afin de ne pas augmenter le prix de l'insertion. Et l'avis de décès fut ainsi publié : “Au revoir, au ciel, s'il y a de la place...” » *Bulletin de l'Amicale de l'imprimerie*.

Service pubique

« Pubique » au lieu de « public » ou « publique » se rencontre assez fréquemment dans le « brut de saisie », avant correction. On comprend mieux l'empressement de certains contrevenants auprès de belles inspectrices du fisc.

Telle Jésus

Relevé dans le roman de James Flint, *Habitus* (Au Diable Vauvert éditeur, 2002), page 227 : « Le proviseur trône telle Jésus sur le point de prononcer un jugement. » Comme le pensaient certains théologiens peu canoniques du début du christianisme, le fils de Dieu aurait-il été une fille ?

Trompettes de la renommée

Dans un discours présidentiel, cette belle formule : « Et ce sera le Sésame qui fera s'écrouler les murailles. » Bien que signalée par le correcteur, cette bévue fut maintenue car validée en haut lieu.

Un « orignal » de Picasso...

... Découvert sans doute au Québec, où il est plus fréquent de rencontrer un *orignal* au fond des bois que l'*original* d'une œuvre d'art, version trappeur.

« Veuf depuis la mort de sa femme »

Ce pauvre homme en a fini avec les affres de la vie conjugale.

« Zodiac » chinois

Un récent article, paru dans un quotidien national, recensait les motifs décorant les breloques que les jeunes Japonais accrochent à leurs téléphones portables : « [...] une vedette du sport ou de la chanson, un politicien [...], mais aussi des animaux du *zodiac* chinois [...]. » Sans doute pour les modèles amphibies ?

Notes

[1] Éditions Guérin, 2001.
[2] Réédition : Éditions des Cendres, 1997.
[3] Patrick Boman, *A Naïve Romance*.
[4] Eugène Boutmy, *L'Argot des typographes*, rééd. Les Insolites, 1979.
[5] L'outil de composition manuelle, rien à voir avec la hideuse borne sénécéfiée.
[6] Pierre Larousse, *Grand Dictionnaire universel du XIXe siècle*, tome cinquième, page 91.
[7] *Nouveau Manuel complet de typographie*, 1857, rééd. Léonce Laget, Paris, 1979.
[8] Préface à l'ouvrage de J. G. Bourke, *Les Rites scatologiques*, PUF, 1981.
[9] P. Laurendeau, *Ethnograffiti*, Première Personne, 1987.
[10] Cf. *Un correcteur fou à l'Imprimerie royale : Nicolas Cirier (1792-1869)*, éd. des Cendres, 1987. A. Blavier, *Les Fous littéraires*, éd. des Cendres, 2001. *L'Apprentif administrateur*, rééd. Plein Chant, 2000.
[11] Extrait d'un recueil de correspondance, à paraître aux éditions Ginkgo en 2003.
[12] René Fallet avait relevé une intéressante contrepèterie sur le nom de ce village, qui cumule décidément bien des handicaps !
[13] Ernestine Chasseboeuf, *Glossaire du patois des Troglodytes-du-Dessous*, Deleatur, 2002.

[14] Sans vouloir offenser en quoi que ce soit le charmant animal en vignette sur la couverture.
[15] Le Gloupier s'est rendu célèbre par ses « attentats pâtissiers » contre des personnalités de la politique ou de la culture dont le châtiment, mérité, se doublait d'une dégustation gratuite de chantilly. Poursuivi par l'une de ses « victimes » à l'automne 2002, il fut lourdement condamné sous prétexte qu'il avait gravement atteint à « la seule propriété d'un homme politique, son image », selon les propos de l'entarté. Qui a dit que le ridicule ne tuait plus ? Les éditions Deleatur ont publié une *Ode à l'attentat pâtissier*, petit bijou mirlitonesque, où Le Gloupier développe sa pensée pâtissière :

J'ai pour ma part, ma foi, voici quelques années,
Entrepris vaillamment une ferme croisade
D'attentats pâtissiers teintés de rigolade.
Ceux qui furent visés reçurent sur le nez,
En public, brusquement, une tarte à la crème
Que j'ai tenu, bien sûr, à leur lancer moi-même.
Aucun ne s'en remit : on chercherait en vain,
Parmi ces entartés qui sont dix-huit ou vingt,
Lequel a survécu à son entartement.
Tous sont morts désormais, définitivement,
Étouffés et broyés par tant de ridicule,
Mieux enterrés sous lui que sous un monticule.

[16] En typographie traditionnelle (caractères en plomb), la forme d'impression est constituée du cadre métallique (châssis) et de la composition typo imposée prête à être calée sur la machine.
[17] Cité dans : *La Réalité dépasse la fiction*, volume 4, éd. Gallimard, 1963.
[18] *Les Plagiaires, le Nouveau Dictionnaire*, Perrin, 2001.
[19] Extrait du *Français cent difficultés*, Le Polygraphe, éditeur.
[20] L'utilisation de l'huile, *bouillante* pour le martyre de l'évangéliste et *bouillie* pour la confection des encres d'imprimerie, a-t-elle influencé le choix tutélaire ?
[21] Au sens premier : qui ne lisent pas le texte qu'ils mettent en pages... Ce qui ne veut pas dire qu'ils sont incultes ! De même, un correcteur peut être « aniconique » et laisser passer une inversion de photos (genre : remise de décorations par le sous-préfet et médaille de la plus belle vache au concours agricole d'un chef-lieu de canton), voire une précision intempestive, par exemple, sous une photo de François Mitterrand en compagnie d'un aliboron devant sa bergerie de Latche : « Le président de la République (à gauche). » Authentique.
[22] À l'ère secondaire de la photocomposition, les clavistes généraient des bandes perforées que les correcteurs enfilaient dans un appareil de

lecture ; une fois le texte nettoyé, une autre bande perforée servait à piloter la photocomposeuse ; en fin de service, il y avait de quoi entretenir un réveillon en serpentins colorés.

[23] Les curieux trouveront à l'entrée « Argot » certains mots utilisés dans ce texte.

[24] Roland de Chaudenay, *Les Plagiaires, le Nouveau Dictionnaire*, éd. Perrin, 2001.

[25] http ://babelfish.altavista.com/babelfish/tr

[26] Qui n'a pas inventé l'imprimerie comme on l'entend parfois : les premiers documents imprimés (xylographies) ont vu le jour en Chine et en Corée à la fin du VIIe siècle.

[27] Word, conciliant, tolère les deux.

[28] *De Rien*, gazette curieuse et littéraire, derienvue@hotmail.com

Remerciements

Ce petit livre doit beaucoup aux suggestions et propositions de nombreux amis éditeurs, correcteurs ou auteurs (parfois les trois à la fois). Qu'ils trouvent ici, à défaut d'une notice détaillée sur les vastes territoires de leur savoir, l'expression sincère de notre plus vive reconnaissance, notamment :

– Ernestine Chasseboeuf, nonagénaire troglodytique et épistolaire, aussi pétulante que pertinente ;

– Claudine Fragnaud, correctrice émérite ;

– Le Docteur Joinul, pour son excellent site : www.dicomono.com ;

– Christiane et Marc Kopylov, pilotes des éditions des Cendres, à qui l'on doit de magnifiques ouvrages traitant de l'histoire du livre, de la bibliophilie et des contrées insolites de la littérature ;

– Christian Laucou, grand maître des éditions du Fourneau (aujourd'hui : Fornax), encyclopédie vivante de la typographie, du proto-Gutenberg à l'ère binaire ;

– Olivier Laurendeau et Sylvain van Ceulen, spécialistes en Texto ;

– Jean Le Guiniec, « Piton » pour les amis ;

– Stéphane Mahieu, alias « Monsieur De Rien », pourvoyeur en curiosités langagières ;
– Gilles Rosière, libraire, spécialiste de Jean-Pierre Brisset et des objets imprimés inclassables ; voisin d'Ernestine Chasseboeuf ;
– pour leur chasse à la bourde et au pléonasme : Marc Alekan, Didier Brack, Claire Durovray, Marie-Pierre Gachet, Marion de Gournay, Denise Grumel, Véronique Hardy, Fabrice Lajoux, Carole Poujol, Sophie Ronsin, François Salvatori, Nicole Thirion ;
– ainsi que les responsables du site Echolalie (http ://mapage.noos.fr/echolalie).

Bibliographie sommaire

ANDRÉ Jacques, « Petite histoire des signes de correction typographique », *Cahiers Gutenberg*, n° 31, décembre 1998.

AUGER Daniel, *Préparation de la copie, correction des épreuves*, INIAG, Paris, 1976.

BOUTMY Eugène, *L'Argot des typographes*, C. Marpon et E. Flammarion, Paris, 1883, rééd. Les Insolites, Paris, 1979.

COLIGNON Jean-Pierre, *La Ponctuation, art et finesse*, Paris, chez l'auteur, 1981.

DREYFUS John et RICHAUDEAU François (sous la direction de), *La Chose imprimée*, Retz, 1977.

DRILLON Jacques, *Traité de la ponctuation française*, Gallimard, 1991.

FONTANIER Pierre, *Les Figures du discours*, 1818-1830, rééd. Flammarion, 1977.

FRÉMY Maurice, *Aide-mémoire du compositeur typographe,* INIAG, Paris, 1975.

FREY A., *Nouveau Manuel complet de typographie*, Paris, 1857, rééd. Léonce Laget, Paris, 1979.

GOURIOU Ch., *Mémento typographique*, Hachette, 1973.

HORNSCHUCH Jérôme, *Orthotypographia*, éditions des Cendres, 1997.

LAROUSSE Pierre, *Grand Dictionnaire universel du XIXe siècle*, Paris, 1869.

Lexique des règles typographiques en usage à l'Imprimerie nationale, Imprimerie nationale, Paris, 1990.

TSCHICHOLD Jan, *Livre et typographie*, Allia, 1998.

Un correcteur fou à l'Imprimerie royale : Nicolas Cirier (1792-1869), éd. des Cendres, 1987.

DÉJÀ PARUS AUX ÉDITIONS MOTS ET CIE

NOËLLE AUDEJEAN
Un mot peut en cacher un autre. *Jouons avec le Petit Robert.*

SERGE BEUCLER
Mais où sont les neiges d'antan ? *La littérature en questions.*

SYLVIE BRUNET
D'où ça vient ? *Inventaire du français quotidien.*

JEAN-LOUP CHIFLET
Le Cafard laqué. *Les mots-portemanteaux.*
Et si on appelait un chat un chat ? *Le correctement incorrect.*
Ad aeroportum ! À l'aéroport ! *Le latin d'aujourd'hui.*
Nouilles ou pâtes ? *Le bon sens des mots.*
Mes perles de culture. *Un catalogue déraisonné.*
Wit spirit. *L'humour anglo-saxon.*
Wit spirit 2.
L'Almanach Chiflet 2001.
Sky Blake ! Ciel Mortimer !
On ne badine pas avec l'humour. *De l'humour et de sa nécessité.*
Schtroumpfez-vous français ? *Dictionnaire franco-schtroumpf.*
Antigone de la nouille. *Perles de librairie.*
J'ai un mot à vous dire. *Un mot se raconte.*
Réflexions faites... *et autres libres pensées.*

JEAN-LOUP CHIFLET/CABU
Roger au pays des mots. *Comment survivre dans la jungle du vocabulaire du XXI*[e] *siècle.*

MARYZ COURBERAND
Il baissa sa culotte... et dans mon estime. *Bizarreries de langage.*
Voulez-vous valser, grammaires ? *Les contretemps des manuels.*
Il remonta ma culotte et son réveille-matin. *Bizarreries de langage (2).*

Michel Courot
Le Nyctalope et les phylactères. *Dictées subtiles et malicieuses.*

Alain Duchesne et Tierry Leguay
Qu'est-ce qu'un écrivain ? *Petits secrets de la création littéraire.*

Marie-Anne Dujarier
Il faut réduire les affectifs. *Petit lexique de management.*

Pierre Enckel
Médor, Pupuce, Mirza, Rintintin et les autres. *Le dictionnaire des noms de chiens.*

Nathalie Kristy
Mais où est donc Ornicar ? *Souvenons-nous des aide-mémoire.*

Thierry Leguay
Les poules du couvent couvent. *Les curiosités du français.*
Dans quel état j'erre ? *Trésors de l'homophonie.*

Sophie Massieu
Il n'y a que braille qui m'aille... *À vue de mots.*

Christian Moncelet
My fer lady ! *Et autres bonheurs d'expression.*

Laurent Moussard/Florence Montagner
À vendre, invendus. *Petites annonces équivoques.*

Jean-Claude Raimbault
Si mon dico m'était conté... *Un siècle de définitions*

Yak Rivais
Vous me la copierez 300 fois. *L'art d'accommoder une phrase.*

Des lecteurs de Sud-Ouest Dimanche
Mais que fait l'Académie ? *Le dictionnaire des mots qui devraient exister.*

Achevé d'imprimer en avril 2003
sur les presses de la Nouvelle Imprimerie Laballery
58500 Clamecy
Dépôt légal : avril 2003
Numéro d'impression : 302208
N° d'édition : 37

Imprimé en France